Silke Bicker

Wiese

· · · · · · · · · · · · · · · ·

Ideen für die Kita-Praxis

Mit Beiträgen von
Albrecht Nolting, Karin Schäufler, Karin Scholz, Juliane Strassel,
Friederike von Woedtke

Cornelsen

Weitere Bände aus der Reihe Projektarbeit mit Kindern:

Wasser • 978-3-589-24712-7

Sinne • 978-3-589-24715-8

Farbe • 978-3-589-24713-4

Körper • 978-3-589-24731-8

Im Wald • 978-3-589-24732-5

Jahreszeiten • 978-3-589-24733-2

Wetter • 978-3-589-24753-0

Erde, Steine, Sand • 978-3-589-24762-2

Tiere in der Stadt • 978-3-589-24761-5

Bei Fragen und Anregungen wenden Sie sich bitte an unsere Berater:
Marketing, 14328 Berlin, Cornelsen Service Center, Servicetelefon 030 / 89 785 89 29

Weitere Informationen finden Sie im Internet unter
www.cornelsen.de/fruehe-kindheit

Die in diesem Werk angegebenen Internetadressen haben wir überprüft (Redaktionsschluss:
31.10.2011). Dennoch können wir nicht ausschließen, dass unter einer solchen Adresse inzwischen
ein ganz anderer Inhalt angeboten wird.

Bibliografische Information: Die Deutsche Bibliothek verzeichnet diese Publikation
in der Deutschen Nationalbibliografie; detaillierte bibliografische Daten sind im Internet über
http://www.dnb.de abrufbar.

1. Auflage 2012
© 2012 Cornelsen Verlag, Berlin

Reihenkonzept & Redaktion: Renate Krapf, Weinheim; Sigrid Weber, Freiburg
Herstellung: Uwe Pahnke, Berlin
Layout & Umschlaggestaltung: Claudia Adam Graphik-Design, Darmstadt
Satz: Ludger Stallmeister, Wuppertal
Illustrationen: Katharina Reichert-Scarborough, München
Titelfotografie: © Alexandre Zveiger, fotolia.com
Druck und Bindung: orthdruk, Białystok, Polen

ISBN 978-3-589-24714-1

Inhalt

Vorwort

Ein Meer von bunten Blüten, duftende Kräuter, wogende Gräser, summende Insekten, blühende Obstbäume – und wir mittendrin, wohlig ausgestreckt in der warmen Sonne. Wer hat nicht solche Bilder im Kopf, wenn er an eine Wiese denkt. Aber ist eine artenreiche Wiese überhaupt noch in unserer Umgebung anzutreffen oder längst ein (Urlaubs-)Traum oder bloße Kindheitserinnerung geworden? „Na, was wohl, Gras und Löwenzahn" werden viele auf die Frage antworten, was denn auf einer Wiese wächst. Und genau so sehen heute auch viele Wiesen im Frühling aus: Ein Meer in Gelb. Sie werden viel intensiver landwirtschaftlich genutzt als früher und auf ihrem gut gedüngten Boden wächst außer Gras und Löwenzahn meist nicht mehr sehr viel anderes. Und auch der Rasen in unseren Gärten hat außer Gras kaum mehr als Gänseblümchen und Klee zu bieten.

Es ist ganz klar: Ohne die Landwirtschaft würde es überhaupt keine Wiesen geben, denn eine Wiese bleibt nur eine Wiese, wenn sie der Mensch durch Mähen kurz hält. Doch der Druck, der auf vielen Landwirten lastet, ist groß. Sie müssen immer mehr zu immer niedrigeren Preisen produzieren und das heißt einerseits, unrentables Grünland nicht mehr zu mähen und damit der Verbuschung preiszugeben, und andererseits, mithilfe von Mineraldüngung und großen Maschinen mehr und hochwertigeres Viehfutter zu erzeugen. Hinzu kommt, dass immer mehr Wiesen unter Beton und Asphalt verschwinden – in der Oberrheinebene beispielsweise sind rund 80 Prozent des Grünlandes in den letzten 50 Jahren verschwunden. All dies kann nicht ohne Folgen für die Wiesenbewohner bleiben: Über 40 Prozent der Wiesenpflanzenarten gelten als gefährdet und mit ihnen die Wiesentiere. Doch trotz dieser Entwicklung gibt es in Wiesen und auf dem Rasen immer noch sehr viel zu entdecken. Einen Blick auf die Wiese als Ökosystem zu werfen, lohnt sich allemal. Denn es eröffnet sich eine eigene Welt, in der Pflanzen und Tiere enge Lebensgemeinschaften bilden und sich so gegenseitig ihr Überleben sichern. Allein die Vielzahl an Insekten bietet Kindern reichhaltige Beobachtungsmöglichkeiten und auch die Welt der Blumen und Gräser lockt zu Erkundungsgängen. Die Auseinandersetzung mit dem Lebensraum Wiese, mit seinen Bewohnern und ihrer Lebensweise, weckt bei Kindern ein Verständnis für die Zusammenhänge in der Natur. Und das ist nicht nur für sie selbst, sondern für uns alle wichtig. Denn es wird in der Hand der Erwachsenen von Morgen liegen, ob und wie sich unsere Kulturlandschaft verändert und ob es auch in Zukunft noch bunte Wiesensträuße zu pflücken und Schmetterlinge zu bestaunen gibt.

Mit dem Band „Wiese" stellen wir Ihnen alles notwendige Material bereit, damit Sie mit Ihrer Kindergruppe ein spannendes Projekt entwickeln können. Um das Thema für Kinder in all seinen Facetten erfahrbar zu machen, wird es aus verschiedenen Blickwinkeln beleuchtet: So geht es z.B. darum, welche Tiere und Pflanzen in einer Wiese leben oder wie Wiesen Menschen und Tiere mit Nahrung versorgen. Für jedes einzelne Thema bietet der Band Sachinformationen und ein breites Spektrum ausgewählter Aktivitäten. Die Texte liefern das Hintergrundwissen, mit dem Sie potenzielle Fragen der Kinder kindgerecht beantworten können, und Vorlesegeschichten transportieren Wissen für Kinder auf unterhaltsame Weise. Sie dienen aber auch als Inspiration für die Entwicklung eigener Aktivitäten, die auf die individuellen Bedürfnisse Ihrer Kindergruppe zugeschnitten sind.

Die Aktivitäten können Sie direkt in Ihrer anspruchsvollen Arbeit mit fünf- bis sechsjährigen Kindern einsetzen. Daraus können sich aber auch ganz andere Ideen und Projektrichtungen ergeben, je nach Gruppenzusammensetzung und Interessenlage der Kinder. Bei der Zusammenstellung wurde darauf geachtet, dass die Kinder auf allen Sinneskanälen angesprochen werden und sich das Thema aus unterschiedlichen Perspektiven erschließen können. Auf diese Weise kann sich das neu erworbene Wissen nicht nur nachhaltiger verankern, sondern bildet zugleich neue Ansatzpunkte, um das Wissen über sich und die Welt spielerisch zu erweitern und zu vernetzen. Eine Übersicht aller Angebote mit den jeweiligen Lernerfahrungen nach Bildungsbereichen findet sich am Ende des Heftes. Dort bieten wir Ihnen auch einen Überblickstext zur Projektarbeit sowie im Hinblick auf die Kooperation mit den Eltern an.

Nun wünschen wir Ihnen viel Freude mit den Projektideen zum Thema Wiese.

Ihre Redaktion Frühe Kindheit

Auf der Wiese wächst mehr als nur Gras

Was ist eigentlich eine Wiese?

Wenn wir uns eine Landschaft vorstellen, dann steigen in uns vielleicht Bilder von Wiesen und Weiden, Hecken und Waldstücken auf, die sich ideal miteinander abwechseln. Sie sind feste Bestandteile unserer Kulturlandschaften geworden und gar nicht mehr daraus wegzudenken. Ihre Anfänge lassen sich fast 10 000 Jahre zurückverfolgen bis kurz nach der letzten Eiszeit. Damals bewuchsen endlose Urwälder durchzogen von Flüssen die noch wenig beeinflusste Urlandschaft Europas. Doch bereits damals hielten Hirsche, Wildpferde und Wildrinder die Landschaft an manchen Stellen offen und schufen so Lebensräume für viele kleinere Tiere und Pflanzen. Als dann der Mensch in der Steinzeit lernte, Land urbar zu machen, und sesshaft wurde, kultivierte er diese Wildnis und unsere Kulturlandschaft entstand.

Eine intakte Wiese ist heutzutage in vielen Regionen keine Selbstverständlichkeit mehr. Eine Wiese hat ein eigenes Ökosystem, ein sich selbst regulierendes Wirkungsgefüge, das von den Wiesenbewohnern und deren Umwelt gebildet wird. Es benötigt die sogenannten Produzenten – nämlich alle Pflanzen, die durch ihre Photosynthese Biomasse aufbauen – und die sogenannten Destruenten wie Pilze, Mikroorganismen und Tiere, die Abgestorbenes zu Humus zersetzen, sodass wieder Neues wachsen kann.

Das Ökosystem Wiese besteht aus zwei Schichten. Die erste Schicht bilden Moose. Sie speichern Wasser und geben es ganz langsam an ihre Umgebung

weiter. Moose sind damit eine Art natürliche „Hochwasserverhinderungsanlage". Die zweite Schicht ist die Krautschicht – der Name Kräuter kommt daher. Süßgräser wie das Deutsche Weidelgras, Honiggras, Schmielen und auf feuchteren Böden das Rohrglanzgras, Schilf und Rohrkolben gehören hier dazu. Und auch die Binsen wachsen in der Krautschicht. Sie gehören zu den Sauergräsern. Wie ihr Name schon andeutet, kommen sie auf sauren Standorten vor.

Wiese ist nicht gleich Wiese. Jede hat ihre eigenen Besonderheiten und Pflanzengesellschaften. Dies hängt von der Beschaffenheit des Bodens ebenso ab wie von der Niederschlagsmenge, dem Licht, der Temperatur und der Verfügbarkeit des Grundwassers. Nicht jede Pflanze besitzt beispielsweise lange Wurzeln – manche lassen sich schnell samt Wurzel ausrupfen. Eine Wiese mit magerem Boden beherbergt andere Pflanzen als eine mit fettem Boden, der vielleicht zudem noch mit dem lehmig-tonigen Untergrund einer Flussaue verknüpft ist. Auf einer steilen Alm wachsen nur solche Pflanzen, die gut mit den dortigen Wetter- und Bodenverhältnissen auskommen. Genau wie wir Menschen sind Pflanzen nur dort zufrieden, wo sie sich wohlfühlen und ihre Bedürfnisse gesättigt sind.

Im Gegensatz zu einem Rasen ist eine Wiese bunt. Ein Rasen wird oft gut gedüngt, da er viel aushalten muss, vor allem wenn er als Liegewiese oder Spielplatz beansprucht wird. Wie viel Blumen finden wir dort? Meist nur Gänseblümchen, Löwenzahn etwas Klee und speziell dafür gezüchtetes Gras; das sind wenige Arten im Vergleich zur mageren Wiese! Dort wachsen Kamille, Margerite, Schafgarbe, Frauenmantel, Breitwegerich, Löwenzahn und vieles mehr. Natürliche fette Wiesen sind selten, da fett mit gutem, fruchtbarem Boden gleichbedeutend ist. Auf solchen Standorten werden eher Äcker angelegt, um Getreide und Gemüse zu ziehen. Sie sind zu schade für Grünland. Oft sind fette Wiesen in den alten Marschen der Nordseeküste und an Flussufern zu finden. Sie sind zu weich für schwere Maschinen und ihre Pflanzen können deshalb auch nicht gemäht und als Grünfutter verwendet werden. Deshalb sind viele eingezäunt und werden als Weide genutzt (→ S. 40).

Erkunden: *Was wächst auf Rasen und Wiese?*

1 Die Kinder machen jeweils einen Erkundungsgang zu einer Wiese und auf den Rasen ihrer Kita. Sie sammeln erst frei ihre Eindrücke. Dann gehen sie paarweise los. Ein Kind hat die Augen geschlossen/verbunden, der Partner führt es zu einer bestimmten Pflanze. Wie fühlt sich die Pflanze an? Wie riecht sie? Welche Form/Größe hat sie? Anschließend wird das Kind ein oder zwei Schritte zurückgeführt, nimmt die Augenbinde ab und versucht, die erfühlte Pflanze zu finden.

2 Nun wird gezielt erkundet, wie viele verschiedene Pflanzen auf einem bestimmten Wiesen-/Rasenstück wachsen. Dazu stecken die Kinder mithilfe der Erzieherin jeweils zwei etwa 80 x 80 cm große Quadrate mit Schnur und Stöckchen ab: Wie viele Pflanzen stehen hier? Welche Farben haben die Blüten und Blätter? Welches ist die höchste, welches die niedrigste Pflanze? Welche hat die größten Blätter? Welche Pflanzen duften? Die Kinder zeichnen und notieren ihre Funde mithilfe der Erzieherin.

Lernerfahrung: Pflanzen und Beschaffenheit einer Wiese und von Rasen wahrnehmen, beobachten, vergleichen

Anzahl der Kinder: 6–8
Material: Augenbinden, 1 großes, weißes Tuch, Maßband, Schnur, Stöckchen, Block und Stifte, ggf. Digitalkamera, Pflanzenbestimmungsbuch

3 Dann kommen alle zusammen und setzen sich um ein großes Tuch. Die Kinder berichten von ihren Entdeckungen und pflücken abwechselnd jeweils eine der Pflanzen mit Stiel und Blättern, die sie auf ihrem Wiesen-/Rasenstück entdeckt haben, bis alle verschiedenen Pflanzen zusammengetragen sind. Die Pflanzen werden mithilfe des Bestimmungsbuches benannt und ggf. fotografiert (→ Blühkalender). Haben die Kinder beide Erkundungsgänge gemacht, werden sie schnell die Unterschiede zwischen Wiese und Rasen feststellen.

4 Zum Abschluss tragen alle Kinder eine Augenbinde, halten sich mit den Händen am Vordermann fest und bilden eine Raupe. Die Erzieherin führt sie über die Wiese/den Rasen und die Kinder können noch einmal andere Eindrücke sammeln.

Gestalten: *Wiesenblumen-Blühkalender*

Zwischen Februar und Oktober zeigt ein Blühkalender, welche Wiesenpflanzen blühen und damit Nahrung für Hummeln und Bienen bieten.

1 Die Erzieherin erstellt auf dem Plakat eine Tabelle: In der linken Spalte stehen die Monate Februar bis Oktober untereinander. Der aktuelle Monat wird jeweils markiert. In der obersten Zeile stehen die Pflanzen, die in der Nähe der Einrichtung auf einer Wiese bzw. im Rasen wachsen, z. B. Kleiner Winterling, Gänseblümchen, Schlüsselblume, Krokus, Schneeglöckchen, Wiesen-Pippau, Giersch, Weißklee, Löwenzahn, Fenchel, Kornblume, Vogelwicke, Rainfarn, Malve, Margerite, Schafgarbe, Frauenmantel, Breitwegerich oder Franzosenkraut.

2 Die Kinder kleben entweder Fotos der Pflanzen oder getrocknete Blüten und Blätter (→ S. 8) in die oberste Zeile der Tabelle und hängen sie auf. Nun können sie einmal im Monat einen dicken Balken bei den Pflanzen ziehen, die in diesem Monat blühen.

Lernerfahrung: Wiesenblüten und Bienenweiden kennenlernen im Zyklus

Anzahl der Kinder: 10
Material: 1 DIN A1 Plakat, 2 dicke Filzstifte (schwarz, grün), Malerkrepp, Digitalkamera, Drucker, Foto-Ecken

Bauen: *Pflanzenpresse*

Lernerfahrung: mit Werkzeug und Holz umgehen

Anzahl der Kinder: 4–6

Material: pro Kind: 2 Sperrholzplatten (DIN A4, 5 mm stark), 4 Schrauben (M 6,50 mm), je 4 passende Muttern und Flügelmuttern (M6), 8 Unterlegscheiben, dicker Karton (DIN A4); Handbohrer oder Bohrmaschine, Bohrer (6 mm), 1 Säge, Schleifpapier, Schraubenschlüssel, Lineale, Bleistifte, Papiertücher oder alte Zeitungen

1 Jedes Kind glättet mit Schleifpapier alle Kanten von beiden Sperrholzplatten. Dann legt es die Platten genau übereinander und sägt eine kleine Kerbe in eine der langen Seiten. Die Platten dürfen dabei nicht verrutschen, denn an dieser Markierung ist später immer zu erkennen, wie die Platten übereinander gelegt werden müssen (ggf. in einen Schraubstock spannen oder mit Kreppband zusammenkleben, wenn die Kinder alleine sägen, oder die Erzieherin hilft).

2 Dann markieren die Kinder mit einem Bleistift die Bohrlöcher an den vier Ecken in einem Abstand von 3 cm von den Plattenrändern. Stehen Handbohrer zur Verfügung, bohren sie die Löcher selbst, sonst übernimmt die Erzieherin die Bohrungen.

3 Nun wird auf jede Schraube eine Unterlegscheibe gesteckt und die Schrauben dann jeweils in eines der Ecklöcher. Nun müssen nur noch die Muttern auf die Schrauben gedreht und vorsichtig mit dem Schraubenschlüssel fest gezogen werden. Auf diese Platte legt das Kind eine Zwischenlage aus Karton. So wird die Höhe der Muttern ausgeglichen.

4 Zum Pressen legen die Kinder zunächst einige Lagen Zeitungspapier in die Presse und darauf dann die frischen Pflanzen und Pflanzenteile. Sie sollten so ausgelegt werden, dass die Blätter und Blüten gut ausgebreitet und von oben gut zu sehen sind. Über die Pflanzen kommt wieder eine Lage Zeitungspapier usw.

5 Auf die letzte Lage Zeitungspapier wird zum Schluss die zweite Platte aufgelegt. Die Schrauben sollen noch so weit herausschauen, dass die Kinder jeweils eine Unterlegscheibe über die Schrauben legen und die Flügelschrauben aufdrehen können. Die Schrauben werden reihum immer wieder etwas fester gezogen, bis bei allen etwa gleichviel vom Gewinde zu sehen ist. Die Pressen brauchen einen trockenen, luftigen Ort; nach etwa zwei Wochen sind die Pflanzen in der Regel getrocknet.

Dokumentation: Mit den gepressten Pflanzen können die Kinder ein Herbarium anlegen. So entsteht mit der Zeit ein eigenes Nachschlagewerk.

Tipps für Pflanzensammler:

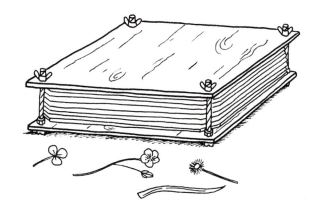

- Naturschutz ist oberstes Gebot. Geschützte Pflanzen dürfen nicht gesammelt werden.

- Nicht zu viele Pflanzen auf einmal sammeln, sondern immer nur so viele, wie auch verarbeitet werden können.

- Je eher die Pflanzen nach dem Sammeln gepresst werden, desto besser.

- Wer immer mal wieder über das Jahr verteilt sammelt, der erhält einen guten Überblick über die Flora an einem Standort und kann gut abschätzen, wann etwas wächst und blüht.

Collage: *Unsere Wiese*

1 Die Kinder sitzen vor ihrem Tonpapier und überlegen, welche Blumen, Kräuter und Gräser (→ S. 13) auf ihrer Wiese wachsen sollen. Sie erinnern sich, welche Pflanzen sie bei ihren Erkundungsgängen entdeckt haben und wo sie gewachsen sind. Dann sichten sie ihre gepressten Pflanzen und beginnen, „ihre" Wiese zu kleben.

Tipp: Für diese Aktivität kann auch ein weißer Plakatkarton wie bei der Aktivität „Insekten auf der Wiese" (→ S. 57) grundiert werden. So entsteht ein lebendiger Hintergrund für die Collage.

2 Falls gewünscht, ergänzen die Kinder ihr Bild noch mit gezeichneten Strukturen von Stängeln und Blättern. Wer mag, zerbröselt einige der getrockneten Margeriten- und Kamillenblüten in einem Schälchen, bis sie ganz fein sind. Mit dem Klebestift werden noch weitere pflanzliche Strukturen auf das Blatt gezeichnet, der Blütenstaub (am besten bereits über dem Blatt) in ein Teesieb gefüllt und mit dem Zeigefinger durch das Sieb gerieben. Ganz fein rieselt der Blütenstaub über die Collage und bleibt an den Klebestellen haften.

Lernerfahrung: gepresste Pflanzen kreativ nutzen, kooperieren

Anzahl der Kinder: 3–4

Material: pro Kind: Tonpapier (DIN A4, hellgrün), Schere, Klebestift, gepresste Wiesenblumen und -kräuter, ggf. Bunt- oder Wachsmalstifte, feines Teesieb, 1 Handvoll getrocknete Margeriten- und Kamillenblüten, Schälchen

Gestalten: *Blütenkarten aus Kamille*

1 Nach Kamille duftende Klappkarten sind immer ein netter Gruß an einen lieben Menschen. Die Kinder sammeln dafür Kamille (Stängel, Blätter und Blüten). Die Echte Kamille ist einjährig und gehört zu den krautigen Pflanzen. Sie blüht je nach Region von Mai bis September. Ursprünglich stammt sie aus Süd- und Osteuropa und ist heute aber in ganz Europa verbreitet. Sie wächst auf frischen, nährstoffreichen eher humosen Lehm- und Tonböden. Wer keine Kamille findet, kann auf getrocknete Kamille aus der Apotheke oder dem Reformhaus ausweichen. Dann sind zwar die Blütenblätter nicht mehr ausgeprägt, aber sie duften immer noch.

Lernerfahrung: Kamille kennenlernen, haptisch gestalten

Anzahl der Kinder: 4–6

Material: pro Kind: 1 Handvoll frisch gepflückte Kamille, Klappkarten (DIN A6) mit Umschlag, Klebestift, Buntstifte, Zeitungspapier

2 Am Maltisch zupfen die Kinder die Blütenköpfe von den Stielen ab und legen damit Muster auf der Karte vor, beispielsweise eine Schlange oder einen Blütensee. Einige Blüten zerbröseln sie über dem Bild, verreiben die gelben Röhrenblüten mit den Fingern auf der Karte. Soll alles so bleiben, kleben sie die Blüten fest und/oder nutzen auch die Stängel und Blätter zum Verzieren.

3 Mit den Buntstiften bemalen die Kinder die Innenseite der Karte. Wem wollen sie die Karte schicken? Gibt es einen Anlass?

Gestalten: *Flechtwerk aus Breitwegerich*

Lernerfahrung: mit Naturmaterialien gestalten, Feinmotorik weiterentwickeln, kooperieren

Anzahl der Kinder: 6–8
Material: pro Kind: 4 Blätter vom Breitwegerich, mind. 14 lange, frische Breitwegerichblütenstängel (ersatzweise lange Grashalme oder Spitzwegerichstängel), Schere

Breitwegerich ist auf Wiesen und Äckern anzutreffen. Er ist sehr widerstandsfähig und wächst auch auf Rasenflächen oder in Pflasterritzen. Da er sehr lange Wurzeln hat, kann er auch auf stark verdichteten Böden überleben. Seine Blattadern sind sehr fest und lassen sich aus den Blättern herauslösen.

Breitwegerich-Fäden gewinnen:

1 Die Kinder sammeln zunächst Breitwegerichblätter. Um aus den Blättern Fäden zu gewinnen, reißen sie zunächst langsam und vorsichtig den Blattstiel ab. Die Blattadern zeigen sich und hängen wie Fäden aus dem Blatt heraus. Diese Fäden gilt es zu gewinnen. Dazu reißen die Kinder die Blätter jeweils in der Mitte vorsichtig auseinander. Dabei trennt sich das Blattgewebe von den Blattadern. Die Kinder ziehen die Blattadern heraus. Sie sind ziemlich fest und lassen sich als Fäden verwenden.

2 Mithilfe der Fäden können die Kinder z. B. einen Breitwegerich-Ring herstellen: Einen langen Blütenstängel mehrfach übereinander zu einem Ring legen, mit einem weiteren Stängel umwickeln und die Enden mit einem Wegerichfaden festbinden.

Breitwegerich-Boote:

1 Die Kinder sammeln (ab Mai) viele lange Blütenstängel des Breit- oder Spitzwegerichs und schneiden die Ähren ab. Letztere können später die Fracht der Boote sein.

2 Ein Wegerich-Boot entsteht jeweils in Kooperation. Die Kinder stehen sich paarweise gegenüber, die Blütenstängel liegen griffbereit. Die beiden Kinder halten je ein Ende eines Wegerichstängels mit dem Mund fest (das bringt Spaß und gibt viel Gelächter. Wenn die Kinder nicht sehr geübt im Knoten sind, können sie den „Verbindungsstängel" auch mit den Händen festhalten). An diesen Stängel knüpft nun das eine Kind nacheinander etwa zehn Blütenstängel. Der Knoten sollte möglichst in der Mitte der angeknüpften Stängel liegen. Das andere Kind hält die rechts und links vom Knoten abstehenden Stängelenden fest. Dann werden die Stängelenden vorsichtig zusammengebunden. Wer mag, benutzt dazu Breitwegerich-Fäden.

3 Den Stängel, den die Kinder im Mund hatten, ziehen sie nun hoch und binden die Enden oben zusammen. Fertig ist das Boot mit Mast! Nun wechseln die Kinder ihre Position und flechten ein zweites Boot. In einer Wanne prüfen sie die Schwimmtauglichkeit.

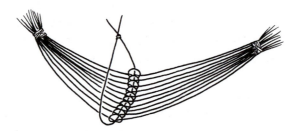

Übrigens: Der Breitwegerich hat seinen Namen von der Breite seiner Blätter. Bei den Indianern hieß er früher „Fußstapfen des weißen Mannes", weil seine Samen unter den Schuhsohlen von der alten in die neue Welt verschleppt wurden und die Pflanze so in Nordamerika heimisch wurde.

Gestalten: Frauenmantelzwerge

1 Frauenmantel wächst auf vielen Wiesen und ist auch in Gärten häufig anzutreffen. Tau- und Regentropfen sammeln sich wie Perlen auf seinen Blättern.
Jedes Kind braucht so viele Frauenmantelblätter, dass sie aufgespießt den gesamten Zahnstocher bedecken und die Figur mithilfe des Blätterumhangs stehenbleibt.

2 Die Kinder stecken die Frauenmantelblätter auf ihren Zahnstocher. Sie fangen mit den großen Blättern an und enden mit den kleinen, sodass sie übereinandergeschichtet eine Art Umhang bzw. Kleid und damit den Körper der Figur bilden. Die Spitze des Zahnstochers muss gerade noch zu sehen sein, damit die Kinder dort die Hagebutte als Kopf aufstecken können. Wer mag, setzt seinem Frauenmantelzwerg noch ein kleines Blatt als Hut auf.

> **Lernerfahrung:** mit Naturmaterialien kreativ sein
> ....
> **Anzahl der Kinder:** 8
> **Material:** pro Kind: ca. 4–5 Blätter vom Frauenmantel in verschiedenen Größen, 1 Zahnstocher, 1 Hagebutte

Spielen & bewegen: Schützende Blätter

1 Ein Spielfeld wird mit Seilen auf dem Boden als „Wiese" abgegrenzt. Um die „Wiese" muss soviel Platz sein, dass ein Kind sie umkreisen kann. Ein Kind spielt eine große Frauenmantelpflanze, ein anderes Kind den Fuchs und die übrigen Kinder sind die Mäuse. Auf der „Wiese" sind bunte Tücher als „Blumen" verteilt. Der „Frauenmantel" hat als „Blätterdach" ein großes Tuch umgebunden, das so groß sein sollte, dass es über den Boden schleift und den „Mäusen" Unterschlupf gewähren kann.

2 Der „Frauenmantel" steht in der Mitte der „Wiese" mit ausgebreitetem „Blätterdach". Die „Mäuse" laufen kreuz und quer durch die „Wiese", die „Blumen" dürfen sie nicht betreten. Der „Fuchs" umkreist die „Wiese". Gibt die Erzieherin mit der Triangel ein Signal, läuft der „Fuchs" auf die „Wiese" und versucht, so viele „Mäuse" wie möglich zu fangen. Die „Mäuse" versuchen, sich unter das „Blätterdach" des „Frauenmantels" zu flüchten; dort sind sie in Sicherheit. Die gefangenen „Mäuse" scheiden aus. Das Spiel geht so lange, bis alle Mäuse gefangen sind. Dann werden die Rollen getauscht, bis jedes Kind einmal den „Fuchs" gespielt hat.

Varianten: Es wird wie bei der „Reise nach Jerusalem" Musik in der ersten Spielphase eingesetzt, während der Fuchs das Spielfeld umkreist. Die Unterbrechung der Musik gibt das Zeichen zum Fangen bzw. Flüchten. Sollen die Kinder den Rollenwechsel nicht selbst aushandeln, können auch die beiden „Mäuse", die als letzte abgeschlagen werden, im nächsten Spiel „Fuchs" und „Frauenmantel" spielen.

> **Lernerfahrung:** Spannung aushalten, sich in verschiedenen Rollen erleben, Reaktionsvermögen
> ....
> **Anzahl der Kinder:** 10–15
> **Material:** ein großer Tuch oder langer Umhang, ggf. Sicherheitsnadel zum Befestigen, mehrere Tücher in verschiedenen Farben, Seile zur Abgrenzung des Spielfeldes, Triangel o.Ä. oder Musik

Bauen & sammeln: *Schachtelmuseum*

Lernerfahrung: mit Abfallmaterialien bauen, kooperieren; Wiesenfunde präsentieren

Anzahl der Kinder: 4
Material: gesammelte Schachteln, kleine Kartons; Alleskleber, 1 fester Karton (DIN A2), Lineal, Scheren, Bleistifte, Plakafarbe, Pinsel, Malerkittel; ggf. Aufhänger, Nägel, Musterklammern

1 Die Kinder sichten die gesammelten Kartons und Schachteln und probieren aus, wie sie diese auf dem Plakatkarton arrangieren könnten, sodass ihre Sammelstücke gut zur Geltung kommen und der ganze Plakatkarton bedeckt ist. Wie hoch sollen die Ränder der Schachteln sein? Soll das Schachtelmuseum später auf einem Tisch stehen oder aufgehängt werden? Welche Farbe sollen die Schachteln bekommen? Ist das Schachtelmuseum nur in einer Farbe bemalt, haben die Fundstücke eine stärkere Wirkung.

2 Die Kinder besprechen, wie ihr Schachtelmuseum aussehen soll. Dann messen sie die gewünschte Höhe der Schachtelränder ab, zeichnen sie an und schneiden sie zu. Anschließend arrangieren sie die Schachteln mit der Öffnung nach vorne auf dem Karton und kleben sie fest.

3 Ist der Alleskleber getrocknet, bemalen die Kinder gemeinsam ihr Museum. Ist alles schön trocken, können sie ihre Wiesenschätze ausstellen. Wie in einem echten Museum kann es Dauer- und Wechselausstellungen geben, die Kinder können einander Fundstücke ausleihen und miteinander absprechen, wer welche „Museumsräume" betreut.

Sinneserfahrung: *Geheimniskrämerei*

Lernerfahrung: Farben, Düfte und Formen der Wiese wiedererkennen

Anzahl der Kinder: 8–10
Material: 2 große, weiße Tücher, je 2 Wiesenfundstücke pro Kind (Gräser, Blütenstände, Blätter); für die Variante 2: ein Wiesenfundstück pro Kind, das in eine Hand passt

Jedes Kind erhält zwei Suchaufträge in der Wiese: ein helles/dunkles Gras, eine rote/gelbe Blüte, ein raues/weiches Blatt, ein gefiedertes/gezacktes Blatt usw. Während die Kinder suchen, legt die Erzieherin ein Tuch auf der Wiese aus. Die Kinder legen ihre Funde auf das Tuch und schauen sich alles etwa eine halbe Minute lang genau an. Dann wird alles mit einem zweiten Tuch abgedeckt: Welches Fundstück liegt wo? Wie sieht es aus? Wie riecht es? Wie fühlt es sich an?

Variante: Die Kinder suchen Naturmaterialien (keine Tiere, nichts Unangenehmes!) in der Wiese, die in eine Hand passen. Alle halten geheim, was sie gesammelt haben. Die Kinder stellen sich dicht nebeneinander im Kreis auf, die Hände mit ihrem „Geheimnis" hinter dem Rücken. Dann geben sie ihren Gegenstand im Uhrzeigersinn langsam hinter dem Rücken weiter. Jeder versucht zu erfühlen, was er wohl in der Hand hält, bis jeder sein „Geheimnis" wieder in der Hand hält. Was haben die Kinder ertastet? Wie war das Gefühl dabei?

Tipp: Für ein Riech-Memory® sammeln die Kinder zweimal dieselben Blüten und Kräuter und füllen sie jeweils in kleine Stoffsäckchen. Dann werden die Säckchen gemischt. Wer findet nur am Geruch heraus, in welchen Säckchen sich dieselben Pflanzen befinden?

Erkunden & gestalten:
Gras ist nicht gleich Gras

1 Die Kinder erkunden das Gras auf dem Rasen des Außengeländes und auf einer Wiese. Wie viele unterschiedliche Gräser finden wir? Wodurch unterscheiden sie sich? Die Kinder sammeln möglichst viele verschiedene Gräser. Wo sind sie gewachsen? Wie sehen die Blüten und Blätter aus? Mit dem Bestimmungsbuch werden die Funde bestimmt. Süßgräser wachsen in allen Klimazonen. Alle Getreidesorten gehören zu ihnen und ebenso die meisten Gräser auf unseren Wiesen und Weiden.

2 Unterscheiden sich die Gräser auch im Geruch? Die Kinder lassen die verschiedenen Gräser im Kreis herumgehen, riechen und befühlen sie. Dann gehen sie paarweise zusammen: Wie fühlt es sich an, wenn die Gräser Gesicht und Hände streicheln? Erkennen die Kinder, welches Gras sie gerade streichelt?

Lernerfahrung: Eigenschaften von Gräsern kennenlernen, kreativ sein

Anzahl der Kinder: 8
Material: Gräser, ggf. eine Schere, Bestimmungsbuch; Weiterführung: weißes Papier (DIN A3), Karton als Unterlage; ggf. Faden

Weiterführung 1: Wird in der Kita frisch gemäht, lassen sich mit dem frischen, noch feuchten Gras Bilder mit Grassaft malen. Alle nehmen ihr Papier auf einem Karton als Unterlage direkt mit zum Rasen. Die Kinder drücken eine Handvoll Gras über ihrem Papier aus und verteilen den Grassaft mit den Händen oder einem Pinsel, oder sie nehmen ein kleines Büschel Gras und malen direkt damit auf das Papier (Achtung: Grasfleckengefahr!).

2: Mit Gras kann man auch flechten. Die Kinder sammeln lange, kräftige Grashalme für die Flechtbasis und zum Flechten dünnere, flexiblere Halme. Drei der kräftigen Halme legen sie zu einem sechsstrahligen Stern und binden sie in der Mitte mit dünnen, stabilen Grashalmen oder einem Faden zusammen. Dann flechten die Kinder von der Mitte aus. Nach etwa drei Runden stecken sie einen siebten Basisgrashalm in das Geflecht, damit das Geflecht abwechseln oberhalb und unterhalb der Basishalme verläuft. Ist ihr Flechtwerk groß genug, biegen sie die Enden der Basishalme um und stecken sie möglichst tief in das Geflecht. Dabei bildet sich eine kleine Schlaufe, an die die Kinder dann jeweils noch andere Fundstücke aus der Wiese knüpfen können.

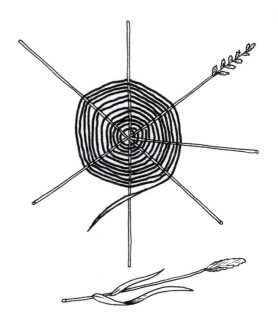

Tipp: Legen Sie direkt in der Kita eine Blumenwiese an. Sie braucht einen sonnigen bis halbschattigen Standort, der kaum betreten wird. Bestehende Rasenflächen sind meist stark gedüngt und müssen zuerst abgemagert werden. Dazu das Rasenstück sehr kurz mähen und tief vertikutieren; an einigen Stellen die Grasnarbe komplett entfernen. Nun in die gesamte Fläche eine Mischung aus Sand, Kies und etwas Kalk einarbeiten und anschließend Wiesenblumensamen aussäen, z. B. Kamille, Margerite, Breitwegerich, Frauenmantel, Schafgarbe, Lieschgras und Wiesen-Fuchsschwanz (Achtung: regelmäßig gießen!). Für schnellere Ergebnisse zusätzlich Jungpflanzen von Wildkräutern setzen. Schmetterlinge lieben z. B. die Brennnessel, den Großen Sauerampfer oder Rotklee. Die Blumenwiese etwa dreimal im Jahr mähen, letztmals Ende September. Das Schnittgut unbedingt entfernen, um der Wiese nicht neuen Dünger zuzuführen.

Warum wächst auf manchen Wiesen so viel Löwenzahn?

Ein Meer von Gelb – so sehen im Frühling viele unserer Wiesen aus. Der Löwenzahn wächst hier so dicht, dass sich nur wenige andere Pflanzenarten durchsetzen können. Ein Zeichen dafür, dass wir auf eine besonders nährstoffreiche Wiese blicken, eine sogenannte Fettwiese. Sie wird gepflegt und gedüngt. Ohne ihre intensive landwirtschaftliche Nutzung würde sie wie alle Wiesen diese Art verschwinden, denn normalerweise sind Wiesen nicht fett. Im

Gegenteil, je länger sie gemäht werden über die Jahre, ohne dass Dünger zugeführt wird, desto weniger Nährstoffe besitzt der Boden – eine wesentliche Voraussetzung für die Artenvielfalt. Magere Wiesen findet man deshalb überall dort, wo Landwirtschaft extensiv betrieben wird, z. B. auf Almen oder auch auf verlassenen Truppenübungsplätzen, die von Schafen beweidet werden.

Traditionell wurden Wiesen zwei- bis dreimal im Jahr geschnitten und das Schnittgut zu Heu verarbeitet. Das Gras lag nach dem Schneiden in Reihen zum Trocknen auf der Wiese und wurde einmal am Tag gewendet, damit es nicht schimmelte. Intensiv genutztes Grünland wird heute dagegen bis zu sechsmal pro Jahr geschnitten. Das Schnittgut wird meist zu Silageballen verarbeitet und dadurch konserviert (→ S. 40).

Je intensiver die Wiese genutzt wird, umso geringer ist die Artenvielfalt. Die meisten Pflanzen sind Gräser. Vor allem das Weidelgras und im Mittelgebirge auch der Goldhafer stehen unter den ungefähr fünfzehn Arten der Fettwiese. Unter den Kräutern dominieren hochwüchsige weiße Doldenblütler wie Wiesenkerbel, Kälberkopf und Wiesen-Bärenklau und mittelhohe Pflanzen wie Löwenzahn, Brennnessel und Scharfer Hahnenfuß.

Tipp: Die Kinder sammeln Löwenzahn im Frühsommer in verschiedenen Wachstumsphasen, je einen Stängel mit Knospe, Blüte, Samen und kahlem Kopf, und fotografieren sie. Pusteblumen-Wettpusten ist ein gutes Training für die Motorik des Mundes.

Gestalten: Löwenzahnwiesenschmuck

Löwenzahnkranz: Jedes Kind sammelt zehn möglichst gleich lange Löwenzahnstängel mit Blüte. Dann schlitzen die Kinder ihre Blütenstängel direkt unterhalb der Blüte mit dem Fingernagel soweit der Länge nach auf, dass sie einen anderen Löwenzahnstängel durchschieben können usw. Der Spalt darf nicht zu groß werden, damit der Kranz gut zusammenhält. Sind alle Blütenstängel so miteinander verbunden, wird der letzte Stängel in den Spalt des ersten Löwenzahns gesteckt (ggf. einen zweiten Spalt ritzen) und der Kranz damit geschlossen. Wer mag, kürzt die überstehenden Stängel etwas ein und bindet sie für mehr Stabilität ggf. mit etwas Faden oder einem festen Grashalm zusammen.

Löwenzahnring: Einen langen Löwenzahnblütenstängel direkt unter der Blüte einritzen und das Stängelende durch den Schlitz ziehen – den Finger durch die Schlaufe stecken und festziehen.

> **Lernerfahrung:** Feinmotorik weiterentwickeln, Naturmaterialien als Werkstoff einsetzen
>
> **Anzahl der Kinder:** 4–6
> **Material:** pro Kranz: 10 lange Löwenzahnblütenstängel, ggf. Faden; pro Ring: 1 langer Löwenzahnblütenstängel

Experimentieren: Brunnen mit Löwenzahnleitung

1 Die Kinder haben sich bereits mit Löwenzahn beschäftigt und entdeckt, dass seine Stängel hohl sind. Die Stängel sind am unteren Ende dicker als oben und lassen sich deshalb gut ineinanderschieben. Zunächst bohren die Kinder in die Mitte zweier Zitronenschalen mit der Nagelschere ein kleines Loch. Dann stecken sie zwei oder drei Löwenzahnstiele als Wasserleitung ineinander und je ein Leitungsende in die Löcher der Zitronenschalen.

> **Lernerfahrung:** Feinmotorik, physikalisches Grundwissen weiterentwickeln
>
> **Anzahl der Kinder:** je 2
> **Material:** pro Kleingruppe: 2–3 kräftige, stabile Löwenzahnstängel, 2 ausgepresste Zitronenhälften, 1 Nagelschere, Wasser, ggf. Knete

2 Dann kann es losgehen: Ein Kind hält eine Zitronenschalenhälfte etwas höher als das andere Kind die zweite. Nun wird etwas Wasser in die obere Zitronenschale gegossen. Das Wasser fließt durch die Löwenzahnleitung und plätschert wie ein kleiner Brunnen in der unteren Zitronenschale. Falls zu viel Wasser daneben geht, kann die Verbindung zwischen Zitrone und Löwenzahnleitung mit Knete abgedichtet werden.

Tipp: Mit Löwenzahnstängeln und leeren Dosen, Kanistern, Joghurtbechern, Eimern usw. lässt sich eine komplette Wasserleitungsanlage bauen: Löwenzahnstängel zu Wasserleitungen zusammenstecken, mit einem Nagel für die Löwenzahnstängel jeweils ein passendes Loch knapp über dem Boden der Gefäße stoßen und die Gefäße auf Kisten, Kartons oder große Steine stellen, damit im Leitungssystem ein Gefälle entsteht. Dann heißt es: Wasser marsch!

Gedicht: *Verblühter Löwenzahn*

Wunderbar
stand er da
im Silberhaar.

Aber eine Dame,
Annette war ihr Name,
machte ihre Backen dick,
machte ihre Lippen spitz,
blies einmal,
blies mit Macht,
blies ihm fort die ganze Pracht.

Und er blieb am Platze
zurück mit einer Glatze.

Josef Guggenmos, aus: Groß ist die Welt: Die schönsten Gedichte

© Beltz Verlag, Weinheim, Basel, 2006.

Kochen & backen: *Löwenzahnhonig und -kuchen*

Lernerfahrung: Löwenzahn kann man zubereiten und essen

Anzahl der Kinder: 4–6
Material: Honig: ca. 200 Löwenzahnblüten, 1 l Wasser, 1 kg Gelierzucker, 2 Töpfe, 1 Küchentuch, 1 Sieb, 5 hitzebeständige Schraubgläser
Kuchen: 100 g Zucker, 200g Löwenzahnhonig (ersatzweise flüssigen Bienenhonig), 300 g Margarine, 4 Eier, 200 g Roggenmehl, 200 g Weizenmehl, 1 Messerspitze Nelken, 1 Messerspitze Kardamom, 1 Tl Zimt, 1 Tl Kaffeepulver, 1 Becher Sahne, 1 Päckchen Backpulver, 1 Topf, 1 Backblech, Puderzucker

Löwenzahnhonig:

1 Die Kinder sammeln im Frühjahr zur Löwenzahnblüte je fünf bis sechs große Hände voll der Blütenköpfe in der Mittagssonne. Dann sind sie am vitaminreichsten. In der Küche werden die Köpfe gewaschen und ausgedrückt. Die Erzieherin lässt die Blüten in einem Liter Wasser auf kleiner Flamme etwa zehn Minuten sieden. Danach wird der Topf mit den Blüten einen Tag kühl gestellt.

2 Dann gießen zwei Kinder den Löwenzahnsaft durch ein Sieb, das mit einem Küchentuch ausgelegt ist, in einen anderen Topf. Die Löwenzahnblüten bleiben zurück. Der Löwenzahnsaft wird nun mit dem Gelierzucker vermengt und zehn Minuten lang gekocht. Danach ist der Honig fertig. Er muss nur noch in Schraubgläser gefüllt und diese sofort verschlossen werden.

Kuchen mit Löwenzahnhonig:

1 Die Erzieherin erhitzt den Zucker im Topf auf dem Herd, während ein Kind ihn stetig rührt, bis er braun wird. Dann geben zwei Kinder jeweils Honig und Margarine hinzu, während ein Kind rührt, bis alle Zutaten aufgelöst sind und eine cremige Masse entstanden ist.

2 Den Herd ausschalten und das Ganze abkühlen lassen; dann rühren die Kinder die übrigen Zutaten unter den Teig. Anschließend streichen sie den Teig gleichmäßig auf das Backblech. Nach 40–50 Minuten bei 220°C ist der Kuchen gebacken und kann mit Puderzucker bestäubt werden.

Gänseblümchen schlafen und bewegen sich

Eines der bekanntesten Wiesenkräuter ist wohl das Gänseblümchen. Jeder hat es schon einmal gesehen und seine zahlreichen Blüten sind bei Groß und Klein sehr beliebt. Wie? Zahlreiche Blüten, es hat doch nur eine! Falsch. Was wie eine einzige Blüte aussieht, besteht in Wirklichkeit aus über hundert gelben Röhrenblüten umgeben von den langen weißen Zungenblüten. Und in dem niedlichen Korbblütler steckt noch mehr Ungeahntes: An seinen Blüten können wir den Sonnenstand ablesen. Sein Blütenkörbchen öffnet sich jeden Morgen, sobald die Sonne aufgeht, und die Blüten und das Kraut bewegen sich mit dem Sonnenstand. Dieses Verhalten wird Heliotropismus genannt. Am Abend schließt es seine Blüten wieder – und bei Regen auch.

Je nach Region hat das Gänseblümchen unterschiedliche Namen. Im Norden kennt man es unter Marienblümchen und Tausendschön, im Osten ist es die Oster- oder auch Regenblume. Mancherorts ist es als Mondscheinblume, Maßliebchen und Morgentaublume bekannt.

Das Gänseblümchen blüht von Februar bis November und bedient Bienen, Hummeln und zahlreiche Fliegenarten wie Flor- und Schwebfliegen mit seinen Pollen. Diese sorgen auch für die Bestäubung. Aber diese Pflanze kann sich auch selbst innerhalb einer Einzelblüte bestäuben und wenn es mit der Vermehrung gar nicht klappen will, sind da noch die Wurzeln. Sie sind sogenannte Rhizome und wachsen unterirdisch wie der Giersch.

Das schmackhafte Kraut mögen auch Kinder gerne. Im Sommer können ganz früh morgens seine geschlossenen Blüten geerntet und als Kapern in Essig eingelegt werden. Später im Tagesverlauf schmecken die aufgegangenen Blüten gut auf Butterbrot oder mittags im Salat.

Erkunden: *Gänseblümchen auf der Wiese*

Alle gehen zu einer Wiese oder auf einen Rasen mit vielen Gänseblümchen. Die Kinder erkunden die Pflanzen:

- Sind alle Gänseblümchen gleich groß?
- Wie sehen offene / geschlossene Gänseblümchenblüten aus?
- Könnt ihr Pollen finden? Welche Insekten fliegen darauf?
- Wohin zeigen die Blüten? Gucken alle Blüten in die gleiche Richtung?
- Wonach schmecken die Blüten?

Lernerfahrung: Gänseblümchen kennenlernen, Heliotropismus beobachten

Anzahl der Kinder: 8–10
Material: ggf. Lupen, Schaufel, zwei kleine Tontöpfe, Blumenerde

Die Kinder kommen zusammen und sprechen über ihre Beobachtungen. Dann graben die Kinder zwei Pflanzen aus und pflanzen sie in der Kita in Töpfe. Nun können sie beobachten, ob die Gänseblümchen auf der Fensterbank ihre Blütenköpfe zu selben Zeit öffnen wie die im Garten und ob sie in die gleiche Richtung schauen (→ auch S. 19, Flaschengarten). Verhalten sich andere Blumen auch wie die Gänseblümchen?

Rhythmik & Rollenspiel: *Bewegungen des Gänseblümchens*

Lernerfahrung: Naturbeobachtungen mit dem Körper ausdrücken, auf Zeichen reagieren

Anzahl der Kinder: 10–15
Material: 2 Tücher (blau, gelb), 1 Metallophon, 1 Tambourin

1 Eine Geschichte bildet den Rahmen für die Aktionen der Kinder. Sie zeichnet einen Tag im Leben von Gänseblümchen nach. Ein Kind spielt die Sonne, ein Kind die Gewitterwolke, die anderen Kinder hocken mit dem Kopf auf den Knien im Raum verteilt als Gänseblümchen. Die Erzieherin, ein Metallophon und ein Tambourin neben sich, erzählt:

2 Alle Gänseblümchen sitzen auf der Wiese. Sie schlafen ganz tief und fest, denn es ist Nacht und da schlafen Gänseblümchen nun einmal. Doch dann geht frühmorgens die Sonne auf (Metallophon spielt leise in aufsteigender Tonfolge, die „Sonne" geht über die Wiese). Die Gänseblümchen fühlen, wie sie die Sonne an ihren Hüllblättern kitzelt (die „Sonne" berührt die „Gänseblümchen" mit dem gelben Tuch). Sie recken und strecken sich und öffnen ein Hüllenblatt nach dem anderen (jedes Kind, das vom Tuch berührt wurde, richtet sich langsam auf und entfaltet sich). Alle Gänseblümchenblüten sind nun voll geöffnet. Die Sonne steigt immer höher und wandert von Osten nach Westen über den Himmel (die „Sonne" geht auf Zehenspitzen in winzigen Schritten von rechts nach links und hält das Tuch über den Kopf; die „Gänseblümchen" drehen sich mit). Doch was ist das (Tambourintrommeln)? Auf einmal schiebt sich eine Gewitterwolke vor die Sonne (die „Wolke" hält ihr blaues Tuch vor die „Sonne"). Es grummelt, die ersten Tropfen fallen und dann fängt es richtig an zu regnen (die „Wolke" berührt die „Gänseblümchen" mit ihrem Tuch und sie schließen sich). Schnell schließen alle Gänseblümchen ihre Blüten. Und wenn sie noch dort wachsen, harren sie immer noch aus, bis das Gewitter vorbei ist."

3 Sind die Kinder mit dem Ablauf vertraut, denken sie sich weitere Geschichtenelemente aus: Vielleicht besucht eine Biene die Gänseblümchen oder die Sonne kommt nach dem Regen wieder hervor, bis es schließlich Nacht wird. Die Geschichte kann auch noch stärker akustisch untermalt werden, indem die Kinder sich passende Klänge etwa aus dem Orffschen Instrumentarium auswählen.

Experimentieren: *Papierblüten öffnen sich*

Lernerfahrung: Kapillarwirkung von Wasser erleben

Anzahl der Kinder: 4–6
Material: pro Kind: 1 Blatt Papier (DIN A4), Schere, Schüssel mit Wasser, Tasse, ggf. Buntstifte

Die Kinder zeichnen jeweils mittig auf ihr Blatt mithilfe der Tasse einen Kreis, von dem acht Blütenblätter ausgehen: die Blüte ausschneiden und die Blütenblätter an der Kreislinie in der Mitte nach oben falten. Die Blüte ist nun geschlossen. Jedes Kind legt seine Blüte nun in eine Schüssel mit Wasser. Was beobachtet es? Nach einiger Zeit entfaltet die Blüte sich, denn das Wasser kriecht durch die Papierfasern hinauf. Die Kapillarwirkung sorgt dafür, dass Pflanzen Wasser aus ihren Wurzeln bis in die Blattspitzen ziehen können, um sich mit Nahrung aus dem Boden zu versorgen.

Gestalten: *Gänseblümchenwiese*

1 Für diese Aktion haben die Kinder bereits Gänseblümchen mit ihrer Pflanzenpresse (→ S. 8) gepresst. Nachdem der Maltisch gut abgedeckt ist und alles bereit liegt, arrangieren sie die gepressten Gänseblümchen als Schablonen auf ihrem Papier. Die Pflanzen sollen dabei möglichst flach auf dem Papier liegen und nicht geknickt werden (ggf. mit dem Klebestift ganz leicht anheften). Sollen alle in die gleiche Richtung schauen? Haben manche ihre Blüten noch geschlossen? Soll auf dem Bild die Sonne scheinen?

2 Dann wird das Papier mithilfe von Zahnbürste und Sieb mit Wasserfarbe bespritzt. Die Kinder setzen die Farben nach Belieben, die Erzieherin setzt ggf. Impulse zur Farbmischung. Sobald die Papiere getrocknet sind, entfernen die Kinder vorsichtig die Schablonen. Die Umrisse der Gänseblümchen zeigen sie in der Farbe des Papiers.

> **Lernerfahrung:** Schablonenwirkung aus Naturmaterial erfahren, Gestaltungstechnik kennenlernen
>
> **Anzahl der Kinder:** 8
> **Material:** pro Kind: mehrere gepresste Gänseblümchen, Papier (mind. DIN A4), Wasserfarben, Zahnbürste, Spritzsieb, Malerkittel; ggf. Klebestift

Gärtnern: *Flaschengarten*

Ein Flaschengarten ist wie eine Mini-Version des Ökosystems der Erde: Das Wasser verdunstet, kondensiert und bewässert die Pflanzen. Tagsüber verbrauchen die Pflanze bei der Photosynthese Kohlendioxid und produzieren Sauerstoff, nachts verbrauchen sie ihn wieder.

1 Zunächst wird der Boden bereitet: Das Kind rollt einen Bogen Zeitungspapier so zusammen, dass es durch diese Röhre ca. 5 cm hoch Holzkohle in die Flasche füllen kann. Diese reguliert später die Feuchtigkeit im Flaschengarten und hilft, faulende Wurzeln zu vermeiden. Dann stellen die Kinder ein Erdgemisch aus gleichen Anteilen Kompost und Sand her. Es wird ebenfalls mithilfe der Zeitungsröhre ca. 5–8 cm hoch in die Flasche gefüllt.

2 Um den Garten bepflanzen zu können, ist „Werkzeug" nötig. Mit Klebeband werden eine Gabel und ein Löffel an zwei langen Stäben befestigt. Mit ihrer Hilfe können die Kinder je ein kleines Loch ausheben, die Setzlinge hineinpflanzen, die Wurzeln mit Erde bedecken und ringsherum fest andrücken.

> **Lernerfahrung:** Feinmotorik weiterentwickeln, Wasser kondensiert in der Flasche und bewässert die Pflanzen
>
> **Anzahl der Kinder:** 4
> **Material:** pro Kind: 1 farblose, bauchige Glasflasche mit weitem Hals und Korken; Zeitungspapier, Löffel, Gabel, Stab (Flaschengröße), Klebeband, zerkleinerte Holzkohle, 1 Handvoll Gartenkompost, 1 Handvoll Sand, 2 Setzlinge Gänseblümchen und Spitzwegerich, Gießkanne

3 Mit dem Kännchen geben die Kinder so viel Wasser in die Flasche, dass das Erdgemisch feucht ist. Es darf nicht zu viel Wasser eingefüllt werden, damit später die Wände der Flasche nicht zu stark beschlagen. Nach einer Woche wird die Flasche mit dem Korken verschlossen. Der Flaschengarten muss jetzt nur noch gegossen werden, wenn kein Wasser mehr kondensiert. Er braucht einen hellen Ort, der nicht der prallen Sonne ausgesetzt ist.

Tipp: Flaschen verschiedenster Art gibt es im Internet, z. B. bei www.flaschenland.de oder bei www.flaschenbauer.de

In der Wiese leben viele Tiere

Wer summt und krabbelt da?

Wie schön – es ist Sommer, der Mensch genießt einen faulen Tag in der Sonne. Er legt sich in eine Wiese und genießt die Wiesenmusik. Es summt und brummt um ihn herum und fast wäre er eingeschlummert. Aber eben nur fast, denn irgendwas krabbelt am Fuß. Und ist das schließlich abgewehrt, umschwirrt ein dicker Brummer die Nasenflügel – Insektenalarm! Eine artenreiche Wiese ist voll von ihnen: Käfer, Libellen, Hautflügler, Wespen, Bienen, Hornissen, Fliegen, Steinfliegen, Eintagsfliegen, Mücken, Ohrwürmer, Läuse, Schrecken, Schaben, Wanzen, Ameisen, Schmetterlinge und Zikaden; sie alle sind in der Wiese zu Hause.

Die Insekten sind die artenreichste Klasse der Tiere überhaupt. Alle haben drei Beinpaare und drei stark voneinander abgesetzte Körperteile: Kopf, Brust und Hinterleib sowie eine Außenhülle aus Chitin, die sich periodisch häutet. Ihr offenes Blutsystem, ein im Rücken eingebettetes Schlauchherz sowie seitliche Facettenaugen in Verbindung mit bis zu vier Punktaugen komplettieren die Gemeinsamkeiten. Die Größe von Insekten variiert sehr stark, nicht jedes hat Flügel und nicht alle, die Flügel haben, können auch fliegen, wie etwa die Laufkäfer. Als „nützlich" betrachten wir vor allem die Honigbiene. Wobei beispielsweise auch die Schlupfwespen bei der Schädlingsbekämpfung oder in anderen Ländern Grillen und Heuschrecken als Nahrungsmittel eine Rolle spielen. Doch nützlich sind Insekten auch in anderer Hinsicht. Sie leisten ebenso ihren Beitrag im Beziehungsgefüge des Ökosystems Wiese wie die anderen Wiesenbewohner.

In und an artenreichen Wiesen wimmelt, wuselt und kriecht noch mehr: Kleinsäuger, Reptilien und Weichtiere. Wird eine Wiese gemäht, weichen sie in Säume, Raine und Hecken aus, bis die Wiese wieder nachgewachsen ist. Auch für viele Vögel sind Wiesen Lebensraum. Manche sind Bodenbrüter wie der Kiebitz. Er benötigt eine offene Fläche, die er gut überschauen kann, und Gräser, die sein Gelege vor den Blicken anderer schützen. Da Eier aber auch riechen, sind solche Nester schlecht vor Schlangen geschützt. Mit ihrer feinen Zunge erschnuppern sie selbst Eier und spüren mit ihrem Körper leichteste Vibrationen. Der Mensch bekommt sie nicht zu Gesicht, der Kiebitz wetzt schon einmal den Schnabel für solcherlei Begegnungen. Vögel wie Neuntöter und Meisen nisten in Sträuchern und suchen ihre Nahrung unter den Insekten.

In Feuchtwiesen leben auch Ringelnattern, Amphibien und der Storch. Letzterer benötigt vor allem zur Aufzucht seiner Jungen viel eiweißreiches Futter: Frösche, Lurche und auch mal eine Maus, wenn er genügend Geduld mitbringt – denn Mäuse wissen, wer da vor ihrem Loch steht und lauert.

Die Lebensweisen der Kleinsäuger wie Kaninchen, Spitzmäuse und Feldmäuse sind so unterschiedlich wie ihre Ernährungsweisen. Kaninchen und Feldmäuse ernähren sich vegetarisch, während Spitzmäuse Insekten und Schnecken fressen. Sie zählen nicht zu den echten Mäusen. Auf den ersten Blick sind Spitzmäuse für die Wiese wenig bedeutsam. Das täuscht jedoch gewaltig: Sie sind Beute für Jäger wie den Storch und den Bussard und sie durchwühlen den Boden und lockern ihn dabei auf. Auch Feldmäuse graben kurze Gänge und verstecken ihre Hauptnahrung aus Nüssen und Grassamen in speziell errichteten Vorratskammern. Einiges wird nicht verzehrt und wächst dann im Frühjahr. Feldmäuse halten Winterruhe, wachen aber zwischendurch auf und benötigen Futter. Liegt Schnee, kann man auch im Winter an ihren Spuren ablesen, dass die Wiese lebt.

Erkunden: Wer wohnt in unserer Wiese?

1 Die Kinder gehen zuerst auf den Rasen der Kita und später auf eine Wiese. Wie viele verschiedene Lebewesen können sie entdecken? Sie zeichnen die Tiere auf eine Liste und machen dann für jedes weitere entdeckte Tier derselben Art dahinter einen Strich. Mit der Becherlupe fangen sie vorsichtig das eine oder andere Tier, um es genauer anzusehen: Was ist das für ein Tier? Wie viele Beine hat es? Woran erkennt ihr Käfer? Wie sieht eine Spinne aus? Was tun die Tiere? Welche Pflanzen besuchen sie?

> **Lernerfahrung:** Wiesenbewohner entdecken und kennenlernen, Unterschiede zwischen Wiese und Rasen wahrnehmen
> ....
> **Anzahl der Kinder:** 6–8
> **Material:** Becherlupen, Papier, Stifte; ggf. Aufnahmegerät; ggf. Bestimmungsbuch

2 Nach dem Anschauen der Tiere entlassen die Kinder sie wieder in die Freiheit. (Achtung: Schmetterlinge dürfen nicht an den Flügeln berührt werden. Sie benötigen den Puder auf ihren Flügeln, sonst können sie nicht mehr fliegen!)

3 Können wir die Tiere auch hören? Die Kinder schließen die Augen und lauschen (→ S. 54, Geräuschecollage). Wenn möglich, versuchen sie, die Geräusche mit einem Aufnahmegerät einzufangen, um sie später noch einmal anhören zu können.

Experimentieren & beobachten: Insekten anlocken

Käfer: Die Kinder graben an einem etwas abgelegenen Platz im Außengelände eine leere Konservendose mit der Öffnung nach oben ein, sodass deren Rand mit dem Boden abschließt. Dann schneiden sie einen Apfel klein, feuchten das Stroh etwas mit Wasser an und legen es zusammen mit einem Apfelstück als Köder in ihre Dose. Damit die Dose nicht nur Regen und Tau fängt, legt jedes Kind ein Brettchen über seine Falle. In den nächsten Tagen schauen die Kinder regelmäßig nach, wer ihnen in die Falle gegangen ist.

> **Lernerfahrung:** Vorlieben von verschiedenen Insekten kennenlernen
> ....
> **Anzahl der Kinder:** 4
> **Material:** Käfer: pro Kind 1 leere Konservendose, 1 Frühstücksbrettchen, 1 Apfelschnitz, 1 Handvoll Stroh, Wasser, Schaufel; Schmetterlinge: 2 Untertassen, Zuckerwasser; Bienen: 2 Äpfel, 2 Birnen, 1 Rolle Bindfaden, Obstmesser, 1 Kernausstecher

Schmetterlinge: Auf einer Fensterbank stellen die Kinder zwei Untertassen mit Zuckerwasser auf. Es ist gerade so viel Flüssigkeit in der Schale, dass eine Fingerkuppe beim Eintauchen halb bedeckt ist. Das Fenster muss weit geöffnet sein. Es mag eine Weile dauern, bis Schmetterlinge zum Probieren herbeiflattern. Sie kommen meist am späten Nachmittag.

Bienen, Hummeln, Wespen: Die Kinder schneiden je etwa fünf Scheiben aus Äpfeln und Birnen und entfernen das Kernhaus. Dann fädeln sie ihre Obstringe je auf eine Schnur in Unterarmlänge. Anschließend sucht sich jedes Kind zwei Äste, zwischen die es die Schnur hängt. Die Erzieherin hilft beim Festknoten. Während sich alle auf dem Rasen ausruhen, schauen sie, was sich an den Obstringen tut. Wer kommt? Sind gleich viele Insekten auf einmal da oder kommt erst eines? Wie lange dauert es, bis viele Insekten am Obst sind?

Medientipp: Bellmann, H & Steinbach, G.: Steinbachs: ***Naturführer Insekten.*** Ulmer Verlag, 2010; Tierstimmen-CD von Pelz, P.: ***Ein Jahr in der Natur.*** Musikverlag Edition Ample, ISBN: 3-935329-59-0

Sinneserfahrung & spielen: Ameisenstaat

> **Lernerfahrung:** unterschiedlicher Düfte erkennen, Einblick in die Lebensweise von Ameisen
>
> ·······································
>
> **Anzahl der Kinder:** 11
> **Material:** 10 gleiche Filmdöschen, 2 Aromaöle (Kräuterwiese o.Ä., Fichtennadel), etwas Watte, 1 Augenbinde, 1 Seil

Dieses Spiel eignet sich gut als Vertiefung, nachdem die Kinder Ameisen bei ihrem Tun beobachtet und sich ggf. auch über ein Bilderbuch mit dem Leben von Ameisen auseinandergesetzt haben (→ Medientipp). Sie wissen, dass Ameisen in einem Staat leben und sich am Geruch als zugehörig erkennen.

1 Alle gehen nach draußen. Die Kinder füllen die Filmdöschen mit etwas Watte und träufeln in je fünf Filmdöschen ein paar Tropfen Aromaöl Kräuterwiese und Fichtennadel. Sollen die Döschen mit Deckel verwendet werden, müssen Löcher hineingestoßen werden.

2 Mit einem Seil wird ein Kreis gelegt als Zeichen für den Ameisenhaufen. Am Eingang steht ein Kind als Wächterameise mit verbundenen Augen. Ihm hält die Erzieherin vor Beginn des Spieles ein Duftdöschen unter die Nase. Duftet es nach Kräutern, bewacht es einen Wiesenameisenstaat, duftet es nach Fichtennadeln, einen Waldameisenstaat. Die anderen Kinder spielen je fünf Wiesen- und fünf Waldameisen; sie haben je ein Duftdöschen mit entsprechendem Duft, mit dem sie sich beim Ameisenwächter ausweisen können.

3 Die „Ameisen" gehen auf Futtersuche. Sobald sie etwas gefunden haben, wollen sie ihren Fund in den Ameisenstaat bringen. Sie halten dem Wächter ihr Döschen unter die Nase. Der „Wächter" entscheidet am Geruch, wer in den Staat hinein darf und wer abgewiesen wird.

> **Tipp:** Wer mehr Beobachtungsmöglichkeiten von Ameisen und anderen Insekten im Außengelände schaffen will, kann einen oder mehrere Ameisensteine aufbauen, erhältlich z.B. unter www.schwegler-natur.de → Insektenschutz → Ameisen-/Beobachtungsstein.
>
> *Medientipp: Gomel, L.:* **Die Ameise.** *Esslinger Verlag Schreiber, 2009*

Gedicht: Die Ameisen

In Hamburg lebten zwei Ameisen,
die wollten nach Australien reisen.
Bei Altona, auf der Chaussee,
da taten ihnen die Beine weh,
und da verzichteten sie weise
dann auf den letzten Teil der Reise.

Joachim Ringelnatz

Beobachten: *Marienkäfer*

Marienkäfer sind Nützlinge, denn sowohl die Larven als auch die erwachsenen Marienkäfer fressen Blattläuse. Eine Larve frisst bis zu 30, Marienkäfer schaffen sogar 90 Blattläuse pro Tag. Sie sind so beliebt als Blattlausfresser, dass ihre Eier und Larven sogar verkauft werden. Blattläuse sind meistens hellgrün, aber auch schwarz oder rot, und wo sie auftauchen, sind meist auch Marienkäfer zu entdecken: auf und unter Blättern. Im Herbst überwintern die Käfer in Laubhaufen oder dichtem Moos. Marienkäfer können drei Jahre alt werden. Ihre Larven dienen Vögeln und anderen räuberischen Insekten und Spinnen als Futter. Ausgewachsen werden sie selten gefressen, denn wenn Gefahr im Verzug ist, sondern sie ein gelbliches, bitter schmeckendes Sekret ab.

Marienkäfer leben nicht nur in Wiesen. Die Kinder können sie auch leicht im Außengelände oder in Obstgärten beobachten:

* Wo lassen sich Marienkäfer am häufigsten finden?
* Wie viele Punkte haben sie und haben alle Käfer gleich viele Punkte?
* Können sie fliegen?
* In welche Richtung laufen sie? Laufen sie lieber rauf oder runter? Können sie kopfüber laufen?
* Was macht ein Marienkäfer, wenn er auf den Rücken fällt? Wie kommt er wieder hoch?
* Finden die Kinder Larven? Wovon unterscheiden sie sich von den Alttieren?

*Medientipp: Auf der Internetseite des SWR http://**www.kindernetz.de** gibt es zahlreiche Informationen über die Lebensweise und den Alltag von Marienkäfern.*

Lernerfahrung: Lebensweise von Marienkäfern erkunden
....
Anzahl der Kinder: 8
Material: keines

Gestalten & spielen: *Marienkäfer-Wettlauf*

1 Hatten die Kinder noch keine Gelegenheit, Marienkäfer in Aktion zu beobachten, schauen sie sich Bilder dazu an. Welche Farbe hat der Kopf? Wie viele Punkte soll mein Käfer haben? Wie viele Beine hat ein Käfer? Wo befinden sich seine weißen Flecken und wie viele sind es?

2 Jedes Kind zeichnet den Umriss eines Marienkäfers auf einen roten Fotokarton und schneidet ihn aus. Er sollte so groß sein, dass ein Saftflaschendeckel gut platziert werden kann, ohne dass er am Rand hervorschaut. Wer mag schneidet auch noch Beinchen und Fühler aus und klebt sie an der Unterseite fest. Dann werden Kopf, Brust und Flügel eingezeichnet und der Käfer mit Wachsmalstiften bemalt.

3 Jetzt lernt der Käfer das Laufen: die Kinder kleben die Saftflaschendeckel auf der Unterseite des Käfers fest, sodass deren Öffnung nach unten zeigt. Ist der Kleber getrocknet, legen sie vier Murmeln bereit und legen den Käfer so darüber, dass die Deckel über den Murmeln liegen: Der Käfer-Wettlauf kann beginnen.

Lernerfahrung: Feinmotorik weiterentwickeln, Beobachtungen gestalterisch umsetzen
....
Anzahl der Kinder: 4–6
Material: pro Kind: roter Fotokarton (DIN A4), scharfe Schere, 1 Murmel, 1 Flaschendeckel von Saft- oder Milchflaschen (ca. 5 cm ø); Alleskleber, Wachsmalstifte (schwarz, weiß)

Gedicht: *Paule Quak*

Ein Laubfrosch in den Büschen saß
und stillvergnügt Insekten fraß.
Es ist der Laubfrosch Paule Quak,
der grad die Mücken dort so mag.
Er schaut vom Busch hinab zum Fluss,
weil er heut Nacht dort quaken muss.

Am Fluss, da steht Storch Adebar,
der nie ein Freund von Paule war.
Weil Adebar stets hungrig ist
und gerne kleine Frösche frisst,
ist Paule, der das sehr gut weiß,
in seinem Busch besonders leis'.

Storch Adebar – er steht am Fluss,
weil er noch sehr viel fressen muss.
Er will ja bald nach Süden fliegen,
da muss ein Storch ganz schön was wiegen.
Der Weg ist weit, er braucht viel Kraft,
damit er's bis nach Spanien schafft.

Drum hat Frosch Paul auch viel Respekt
und bleibt zur Sicherheit versteckt.
Doch nimmt zum Abend er sich vor:
„Ganz sicher quake ich im Chor
mit Friedrich und dem dicken Bert.
Das wird ein echtes Froschkonzert!"

Doch vorher gibt es heut' noch Mücken.
Paul kann davon sehr viel verdrücken.
Und jedes Kind gleich daran denkt,
ob Paul wohl ALLE Mücken fängt?
Dann gäb' es keine Mücken mehr,
denn Mückenstiche jucken sehr!

Doch halt, so einfach ist das nicht!
Auch wenn dich mal 'ne Mücke sticht,
für Paul wär's ohne Mücken schwer,
er hätte nichts zu essen mehr.
Auch Schwalbenkind und Fledermaus
komm'n nicht ohne Mücken aus.

Drum lässt der Paul noch Mücken über
und and're freuen sich darüber.
Doch jetzt wird's Zeit, Paul hüpft zum Teich,
das Froschkonzert beginnt wohl gleich.

Klaus Zunke

Singen & musizieren: *Kleines Froschkonzert*

1 Die Kinder befassen sich bei Erkundungsgängen bzw. anhand geeigneten Bild- und Anschauungsmaterials mit Fröschen, die auf Nass- und Feuchtwiesen leben. Auf einem gemeinsamen Streifzug durch die Wiese sammeln sie Wiesenmaterial wie Blumen, Gräser, Schneckenhäuschen, Steine etc., um später eine Wiesenlandschaft aufzubauen.

2 In der Mitte des Raums wird auf einer grünen Decke als Unterlage eine Wiesenlandschaft anschaulich mit dem gesammelten Wiesenmaterial naturnah gestaltet. Mittig steht eine mit Wasser gefüllte, ebenfalls naturnah dekorierte Schale als Weiher. Die Kinder lernen das Lied und klatschen den Takt zunächst rhythmisch mit den Händen, dann stampfen sie den Rhythmus mit einem Fuß.

Lernerfahrung: neuen Text zu bekannter Melodie kennenlernen, rhythmisch umsetzen

....

Anzahl der Kinder: 8–10
Material: selbst gesammeltes Wiesenmaterial wie Blumen, Gräser, Steinchen etc.; Schale mit Wasser, Fuß-Schellenbänder, Triangeln, 1 Handtrommel

3 Die Kinder stellen sich in einem großen Kreis um die Wiesenlandschaft herum auf. Der Reihenfolge nach erhalten sie abwechselnd ein Schellenband bzw. eine Triangel. Die Kinder mit dem Schellenband befestigen dieses an einem Fußgelenk.

4 Begleitend zum gemeinsamen Gesang und gemäß dem von der Erzieherin mittels einer Handtrommel vorgegebenen Rhythmus (im Lied unten kursiv) betonen die Kinder mit den Schellenbändern kurz und kräftig den Takt, indem sie zweimal pro Liedzeile mit dem Fuß aufstampfen. Die anderen schlagen dementsprechend die Triangeln an. Bei „Quak-Quak-Quak!" stampfen die Kinder mit dem Schellenband pro Zeile dreimal hintereinander entsprechend der Melodie schneller, kurz und kräftig auf. Die Triangeln werden ebenfalls dreimal hintereinander zügig angeschlagen. In einer weiteren Runde des Froschkonzerts werden die Instrumente getauscht

Tipp: Beim nächsten Froschkonzert können die Kinder die bereits kennengelernten Instrumente mit anderen kombinieren oder ersetzen, z. B. durch Rasseln, Hand-Schellenbänder, Holzblöcke, Tambourine usw. Die Begleitung lässt sich auch variieren, indem eine Gruppe nur das „Quak-Quak-Quak!" begleitet und die andere die übrigen Liedzeilen.

Lied: *Laubfrosch auf der Wiese*
(nach der Melodie von „Häschen in der Grube")

Laubfrosch auf der *Wiese*,
klettert, rennt und *springt*,
klettert, rennt und *springt*,
quakt im Dunkeln, *ruht* am Tag,
weil der Laubfrosch *das* so mag:
Quak-Quak-Quak!
Quak-Quak-Quak!
Quak-Quak-Quak!

Laubfrosch auf der *Wiese*,
klettert, rennt und *springt*,
klettert, rennt und *springt*,
fängt sich Mücken, *Käfer* klein,
hüpft gern in den *Weiher* rein:
Quak-Quak-Quak!
Quak-Quak-Quak!
Quak-Quak-Quak!

Essen zubereiten: *Mäusemenü*

Lernerfahrung: Menschen können dasselbe essen wie Mäuse, aber nicht umgekehrt

....

Anzahl der Kinder: 4
Material: für 4 Portionen:
2 Handvoll Haselnüsse, 4 Handvoll gehackte Kräuter (junge Blätter von Brennnessel, Giersch, Vogelmiere, Spitzwegerich), 1/2 l Milch, 2 Handvoll frische Beeren (rote Johannisbeere, Stachelbeere, Brombeere),
2 Handvoll Haferflocken, 1 große Schüssel; Müslischalen, Esslöffel, Küchenmesser, Geschirrtuch, Gummihandschuhe

Mäuse leben in jeder Wiese. Sie graben kleine Gänge unter den Pflanzen und finden zwischen ihnen Schutz vor Jägern. Mit ihren großen Ohren lauschen sie auf kleinste und fernste Geräusche. Immerhin dienen sie mehreren Tieren als Nahrung. Nicht nur Füchse, Falken und Störche machen ihnen das Leben schwer. Feldmäuse fressen Kräuter, Früchte, Nüsse und Grassamen.

1 Heute gibt es für die Kinder ein Mäusemenü. Die gekauften Zutaten stehen in Schüsseln auf dem Tisch. Kennen die Kinder alle Nahrungsmittel? Mögen dies Mäuse auch und wo finden sie diese Dinge in der Natur? Die Kinder erfahren, dass Mäuse keine Milch und Milchprodukte vertragen. (Falls Mäuse im Kindergarten gehalten werden, bitte nur die Mischung ohne Milch an ihnen ausprobieren!)

2 Mäuse fressen noch mehr. Sie mögen auch frische Kräuter. Alle gehen nach draußen sammeln vier Handvoll junge, frische Blätter der angegebenen Kräuter. Sie sollten noch nicht angeknabbert sein. Anschließend werden sie unter fließendem Wasser gewaschen. Dabei brechen auch die Brennhaare der Brennnessel. Mit einem Geschirrtuch tupfen die Kinder die Blätter vorsichtig trocken (Gummihandschuhe benutzen).

3 Nun zupfen die Kinder die Blätter in kleine Stückchen und geben sie in eine große Schüssel. Dann fügen sie die anderen Zutaten hinzu. Am Schluss wird so viel Milch darübergegossen, dass das Müsli nicht schwimmt, aber doch etwas eindicken kann. Nun wird umgerührt, bis alles gut gemischt ist. Guten Appetit – das Mäusemenü schmeckt gewiss ganz anders als handelsübliche Müslimischungen.

Gestalten: *Steinmäuse*

Lernerfahrung: mit Naturmaterialien arbeiten, Kennzeichen einer Maus bewusst machen

....

Anzahl der Kinder: 4–6
Material: Lederreste, Alleskleber; pro Kind: glatter Speckstein oder Kiesel, Schere, getrocknete Grasstängel und Wacholderbeeren

Wie sehen Mäuse eigentlich genau aus? Falls es keine Beobachtungsmöglichkeit in der Kita gibt, betrachten die Kinder Bilder von Mäusen und sprechen über ihre Körpermerkmale. Dann geht es ans Gestalten: Jedes Kind sucht sich einen passenden Stein aus als Mäusekörper. An welchem Ende soll der Kopf, wo der Schwanz sein? Dann schneidet es aus den Lederstücken zwei kleine Halbkreise etwa so groß wie die Kuppe des Mittelfingers und ein längliches, schnurartiges Stück in Steinlänge als Ohren und Schwanz aus. Die Tasthaare können aus Grasstängeln zurechtgeschnitten und angeklebt werden, für die Knopfaugen verwenden die Kinder Wacholderbeeren – fertig ist die Maus! Je mehr Mäuse geschaffen werden, desto schöner wird die Mäusefamilie.

Tanzen: *Die Maus geht aus*

1 Die Kinder sitzen auf dem Boden und erzählen, welche Tiere sie schon einmal auf einer Wiese gesehen haben und welche Tiere außerdem dort leben. Auf dem Boden liegen bunte Tücher als Blumen verteilt. Die Erzieherin begleitet die Kinder mit einer Geschichte von einer Maus, die einen Tag auf einer Wiese erlebt und dort verschiedenen Tieren begegnet. Die Kinder spielen jeweils ein Tier; ein Kind beginnt als Maus und begibt sich auf Entdeckungsreise: Es ist Morgen, die Tiere schlafen noch. Sie liegen an verschiedenen Plätzen auf der Wiese. Jedes Tier, bei dem die Maus vorbeikommt, wird auf seine eigene Art und Weise wach, reckt, streckt und putzt sich.

2 Dann werden die Tiere auf der Wiese aktiv. Sie bewegen und verhalten sich ihrer Art gemäß, suchen z. B. Nahrung oder bauen sich ihre Behausung usw. Die Maus beobachtet die Tiere und begleitet sie. Dann sucht sie sich z. B. einen Marienkäfer als Freund aus und umkreist ihn zweimal. Daraufhin kommen alle Kinder zum Marienkäfer. Sie werden alle zu Marienkäfern und fliegen mit ihm mit, drehen sich um sich selbst, suchen sich einen Partner, fliegen zu zweit, fliegen höher (auf den Zehenspitzen) und tiefer usw. Die Musik kann jeweils zum Tier passend gewechselt oder auch durchgehend gespielt werden.

> **Lernerfahrung:** Bewegungsqualitäten von Wiesentieren ausdrücken
>
> **Anzahl der Kinder:** 6–14
> **Material:** Musik z. B. zu **2** (ruhig, schwingend): Johann Strauss Sohn: Morgenblätter (CD: A Strauss Celebration); zu **3** (Marienkäfer, Schmetterlinge): Camille Saint-Saëns: Das Vogelhaus (CD Karneval der Tiere); (Bienen, Ameisen) Franz Schubert: Die Biene (CD Complete Trios); zu **4** (Heuschrecke): Eric Chappelle: Fiesta! (CD: Music For Creative Dance, Vol. III); CD-Player, bunte Tücher

3 Wird die Musik leiser, so zeigt dies an, dass die Geschichte weitergeht. Marienkäfer und Maus tauschen ihre Rollen. Die „neue" Maus beobachtet nun die anderen Tiere und wählt eines aus, mit dem die Gruppe mittanzt, z. B.:

- Heuschrecke (alle hüpfen gemeinsam auf der Wiese, bilden einen Kreis, hüpfen zusammen hoch, laufen gemeinsam zur Kreismitte und wieder auseinander und fallen dann auf die bunte Wiese. Das Gras kitzelt an den Füßen und alle strecken ihre Zehen nach den Grashalmen)

- Biene (die Bienenkönigin gibt den Weg vor und bestimmt, wie geflogen wird, z. B. rechter Flügel hoch, dann den linken, schnell, langsam, kurvig fliegen, von Blüte zu Blüte Nektar sammelnd)

- Schmetterling (alle sitzen bei einer Blume im Schmetterlingssitz: Fußflächen aneinander und zum Körper ziehen, Knie auf und ab bewegen, dann die Tücher als Flügel in die Hand nehmen und über die Wiese flattern)

- Ameise (jeder geht auf die Suche nach Brauchbarem und balanciert die Dinge zu einem gemeinsamen imaginären Ameisenhaufen zurück; alle bilden eine Ameisenstraße durch das hohe Gras, z. B. im Vierfüßlerstand die Füße des Vordermanns festhalten).

4 Die Geschichte endet, wenn jedes Kind einmal in die Rolle der Maus geschlüpft ist und alle Tiere mit ihren verschiedenen Eigenschaften, Verhalten und ihrer Art der Bewegung nachgeahmt wurden. Dann kommen alle noch einmal zusammen. Jedes Kind sucht sich aus, welches Tier es ist, springt oder flattert, sodass alle Tiere gemeinsam auf der Wiese tanzen. Zum Abschluss wir die Musik leiser als Zeichen dafür, dass die Tiere müde und ruhiger werden. Jedes Tier sucht sich einen Platz zum Schlafengehen.

Medientipp: Das Musikmaterial ist über das Internet, z. B. bei www.amazon.de, als MP3-Download erhältlich

Kinderseite: *Malen mit Oskar*

Auf einer Wiese leben nur Pflanzen und Tiere – oder?

Warum sind Schnecken so langsam?

Landschnecken überzeugen nicht gerade durch ihre Schnelligkeit. Sie bewegen sich kriechend auf einer Schleimspur vorwärts und das auch noch nur auf einem Fuß! Dieser Fuß, der Körper der Schnecke, ist unten flach wie eine Fußsohle und mit kräftigen Muskeln versehen, mit denen sie sich vorwärtsschiebt. Schnecken gibt es seit 500 Millionen Jahren und sie können bis zu 30 Jahre alt werden. Nicht schlecht für so ein langsames Tier, das Gärtner oft zur Verzweiflung treibt. Dabei sind Schnecken aus der Natur gar nicht wegzudenken: Sie sind maßgeblich am Abbau organischer Substanzen beteiligt und sorgen dafür, dass Blätter, Pilze, Holz und andere Stoffe wieder zu Erde werden. Schnecken enthalten sehr viel Eiweiß. So füttern fast alle Vögel ihre Jungen mit Schnecken, und auch Igel haben Schnecken zum Fressen gern.

Es gibt Nackt- und Häuschenschnecken. Schnirkel- bzw. Bänderschnecken kommen sehr häufig in Gärten vor und fressen besonders gerne grüne Blätter ebenso wie die gefürchtete Spanische Wegschnecke. Sie kam über Gemüseimporte nach Mitteleuropa und hat sich stark verbreitet. Sie frisst Pflanzenteile, die sie wie viele andere Schneckenarten auch mit ihrer Raspelzunge zerkleinert. Viele Landschnecken sind nachtaktiv, denn ihre feuchte Haut würde in der Sonne austrocknen. Weinbergschnecken dagegen sind tagaktiv. Sie mögen besonders gerne Regenwetter.

Beobachten: Schneckenterrarium

1 Ein Schneckenterrarium bietet für ein paar Wochen eine gute Beobachtungsmöglichkeit im Gruppenraum. Die Kinder haben bei ihren Erkundungsgängen bereits Schnecken beobachtet und tragen gemeinsam mit der Erzieherin ihr Wissen zusammen: Wo leben Schnecken? Was fressen sie? Welche Lebensbedingungen brauchen sie, um sich in einem Terrarium wohlzufühlen?

2 Das Terrarium braucht einen schattigen Platz. Die Kinder legen es mit einer etwa 4–5 cm dicken Schicht Terrarienerde aus. Ein großes Rindenstück oder ein halber Tontopf dienen als Versteck. Blätter von Löwenzahn, Salat, Haselnuss, Giersch und Brennnesseln werden auf der Erdschicht verteilt. Diese Pflanzen mögen Schnecken gerne, sodass die Kinder später auch aktive Tiere sehen werden. Eine Hühnereischale kann als Kalkquelle gegeben werden.

3 Nun suchen die Kinder Schnecken im Außengelände und setzen sie ein. Wer Schnecken dort bereits im Vorfeld Versteckmöglichkeiten anbietet, hat es bei der Suche leichter. Schnecken gibt es aber auch im Tier- und Futtermittelhandel zu kaufen. Bei ihnen kann man sicher sein, dass sie keine Krankheiten in sich tragen. Zweimal pro Woche wird das Terrarium von Schleim, Kot und altem Grünzeug gesäubert.

Lernerfahrung: Lebensweise von Landschnecken kennenlernen
....
Anzahl der Kinder: 4–6
Material: Glasterrarium (ca. 40 cm breit, 25 cm hoch, 30 cm tief, Abdeckung mit Lüftungslöchern), Terrarienerde, verschiedene Blätter (Löwenzahn, Salat, Haselnuss, Wegerich, Brennnessel, Giersch), 1 großes Stück Rinde, Eierschalen, 2–3 Weinberg- oder Bänderschnecken, 1 Spanische Wegschnecke

Was fressen Schmetterlinge?

Wer Schmetterlinge nicht nur herbeilocken, sondern ihnen auch beim Überleben helfen will, der muss ihnen viele verschiedene Pflanzen anbieten, denn als Raupe fressen sie nicht das Gleiche wie als Schmetterling, und auch für ihre Entwicklung vom Ei über die Raupe zur Puppe und zum Schmetterling brauchen sie unterschiedliche Bedingungen. Die meisten Raupen fressen Pflanzenblätter. Sie haben drei Paar Brust- und bis zu vier Paar Bauchbeine. Ihre einzige Aufgabe ist es, zu fressen und zu wachsen. Dabei häuten sie sich mehrfach, ehe sie sich verpuppen. Jede Art benötigt dafür unterschiedlich lang. Manche Puppen hängen an Pflanzen wie die Admirale und Pfauenaugen an den Brennnesseln, und manche überstehen die Metamorphose in der Erde.

Schmetterlinge saugen Nektar aus den Blüten. Der Kamillengraumönch etwa liebt die Färberkamille. Disteln und Karde sind besonders beliebt bei Admiral, Distelfalter, Landkärtchen und Tagpfauenauge. Auch die Große Brennnessel und duftende Kräuter sind sehr beliebt, z. B. beim Hauhechelbläuling, Kohlweißling und bei den Zitronenfaltern.

Tipp: Wer wissen will, wie die Nahrung der Schmetterlinge schmeckt, kann das ausprobieren: Die Blüten von weißen Taubnesseln aussaugen – sie schmecken wie Honig. Blüten des roten und weißen Klees essen – sie munden nussartig und beide sind im Geschmack unterschiedlich. Der Blütenstand des Spitzwegerichs fühlt sich stoppelig an und schmeckt ganz eigen.

Experimentieren: Schmetterlingsraupenzucht im Wasserglas

Lernerfahrung: Pfauenaugenentwicklung miterleben, Wachstumsbedingungen kennenlernen

Anzahl der Kinder: 5
Material: Brennnesselstaude mit Raupen (im Juni suchen), 1 enge Vase mit Wasser, 2 große Kartons; Mulltuch, um den Karton zu bedecken, Scheren, frische Brennnesselblätter

Tagpfauenaugen überwintern an einem geschützten Ort und fallen dort in Kältestarre. Im Frühling legen sie Eier und sterben danach. Ab Mitte Mai kann man dann ihre Raupen finden. Diese Generation legt dann als Schmetterling wiederum Eier, aus denen sich dann ab Ende Juli wieder Raupen und dann die Falter für die Überwinterung entwickeln.

1 Die Kinder bereiten einen Karton zur Raupenzucht vor: Sie bohren mit der Schere Löcher in die Seitenwände. Eine Seite wird aufgeschnitten und eine Vase mit Wasser hineingestellt.

2 Dann suchen die Kinder eine Brennnessel mit Schmetterlingsraupen, graben sie mit der Wurzel aus und geben sie mit den Raupen daran in einen großen Karton. Wieder in der Kita, stellen sie die Pflanze in die Vase im Karton und verdecken die offene Seite mit einem Mulltuch.

3 Die Kinder füttern die Raupen täglich mit frisch gepflückten Brennnesselblättern. Nach etwa zwei Wochen werden sie sich verpuppen und kopfüber anhängen. Nach einem Monat zeigen sich die Flügel zart durch die Hüllen und wenige Tage später schlüpfen die Schmetterlinge. Nun heißt es freilassen und beobachten, wohin die Schmetterlinge fliegen.

Gestalten: Bunte Schmetterlinge

1 Die Kinder betrachten verschiedene Fotos von Schmetterlingen. Wie sieht der Körper aus, wie die Flügel? Welche Farben entdecken wir? Dann werden die Papiere vorbereitet. Zur Stabilisierung kleben die Kinder Tonpapierstreifen als Rahmen entlang des Papierrandes. Ist der Kleber getrocknet, falten sie das Papier leicht in der Breite, sodass ein Falz entsteht, der den Kindern Orientierung beim Malen gibt. Er dient als Mittelachse, die durch den Körper des Schmetterlings verlaufen soll.

2 Mit einem weichen Bleistift zeichnen die Kinder rechts oder links des Falzes die Konturen eines halben Schmetterlings ohne Fühler. Dann malen sie die Flügel entsprechend ihrer Beobachtungen mit Wachsstiften aus. Farbmischungen lassen sich erzielen, indem verschiedene Farben übereinander gemalt werden.

3 Die Erzieherin erhitzt das Bügeleisen auf kleiner Stufe. Die Papiere werden wieder gefaltet und auf eine Schicht Zeitungspapier gelegt. Dann bügelt die Erzieherin vorsichtig über die Rückseite (Achtung: möglichst nicht über die Konturen des Schmetterlings hinausbügeln!). Das Wachs schmilzt und die Farben verschwimmen ineinander. Nun zieht das Kind vorsichtig die beiden Papierhälften auseinander. Es entstehen dabei Wachsstrukturen in unterschiedlicher Farbintensität. Jetzt fehlen nur noch die Fühler. Am Fenster kommen die leuchtenden Farben besonders gut zur Geltung.

Medientipp: Bellmann, H.: **Schmetterlinge.** *Reihe Natur aktiv erleben, Ulmer Verlag; Bellmann, H.: Der neue Kosmos-Schmetterlingsführer:* **Schmetterlinge, Raupen und Futterpflanzen.** *Franckh-Kosmos Verlag, 2009.*

Lernerfahrung: Gestaltungstechnik mit Wachs kennenlernen, Beobachtetes kreativ umsetzen

....

Anzahl der Kinder: 4–6
Material: Bügeleisen, alte Zeitungen, Wachsmalstifte, weiche Bleistifte, Alleskleber, Fotos von Schmetterlingen; pro Kind: 1 Architektenpapier (DIN A4), je 2 Tonpapierstreifen (ca. 1 cm breit, in Papierlänge und -breite)

Lied: **Schmetterlinge**

Refr.: Pfau-en-au - ge, Ad-mi-ral, _ klei-ner Fuchs, komm zeig mir mal,
wie du durch die Lüf-te gau-kelst, wie du in _ der Son-ne schau-kelst.
1. Bist zu-erst ein klei-nes Ei, _ wirst dann a - ber eins, zwei, drei,
2. Ein-mal Rau-pe und zu-rück, doch dann kommt das gro - ße Glück,
ein ge-fräß - ig Rau-pen-tier, _ Fres-sen ist _ dir ein Plai-sir.
du ver-puppst dich, war-test "pling" schon bist du _ ein Schmet-ter-ling.

D. C. al Fine

© Großmann&Großmann 2004

Wiesen-Memory®

Bezeichnungen von links nach rechts, S. 32: Bänderschnecke, Kreuzspinne, Maulwurf, Weich-käfer, Grasfrosch, Mohnblumen, Kälbchen, Löwenzahnblatt, Spanische Wegschnecke, Hauhe-chelbläulingmännchen auf Hahnenfuß. S. 33: Rosenkäfer, Igel, Grashalme, Biene, Gänseblüm-chen, Ameise, Kreuzotter, Weißstorch, Löwenzahnsamen, , Hausziege, Rotklee, Schwalbenschwanz

Tipp: Zweimal farbig kopieren, die Bilder ausschneiden und laminieren – schon kann das Spiel losgehen. Wer mag, ergänzt das Spiel noch mit eige-nen Fotoausdrucken (→ S. 7, 21) oder mit selbst gemalten Karten.

Wie leben Hummeln und Bienen?

Ohne Hummeln und Bienen geht es nicht. Sie sind wichtige Mitglieder im Ökosystem Wiese und für die Bestäubung zuständig. Während wir also gemütlich in der Wiese liegen und schläfrig ihrem Summen lauschen, sind beide Insektenarten schwer beschäftigt. Ihre Arbeiterinnen sammeln Pollen und Nektar.

Pro Tag produziert ein Bienenvolk bis zu ein Kilogramm Honig. Dazu würgen die heimkehrenden Sammlerinnen den Nektar in das Maul einer Amme. Diese mischt ihn mit einem Sekret, füllt ihn in eine Wabenzelle und verschließt sie mit Wachs. Der Honig dient den Bienen während der Winterruhe als Nahrung.

Hummeln und Bienen bilden Staaten mit strikten Hierarchien und können nur in ihrer Gemeinschaft überleben. Ein Bienen- oder Hummelstaat besteht aus bis zu 80 000 Tieren. Eine Bienenkönigin ist umgeben von ihren Arbeiterinnen und den Drohnen. Ihre Aufgaben sind klar verteilt: Junge Arbeiterinnen sind so lange für die Sauberkeit der Waben verantwortlich, bis sie elf Tage alt sind und ihre Futtersaft-Drüsen ausgebildet sind. Nun avancieren sie zu Ammen für den Nachwuchs. Ab der 3. Lebenswoche schützen sie als Wächterinnen den Bienenstock vor Fremden. Drohnen sind nur für die Befruchtung zuständig.

Bei den Hummeln überwintert nur die Königin im Boden. Im Frühjahr erwacht sie und legt Eier, aus denen Arbeiterinnen werden, die ähnlich wie bei den Bienen, den Staat versorgen. Aus den Eiern, die sie im Spätsommer legt, schlüpfen dann Drohnen und junge Königinnen. Das Volk stirbt im Spätherbst, während die Jungköniginnen überwintern und den Kreislauf im nächsten Frühling erneut in Gang setzten.

Spielen & bewegen: *Summende Hummeln*

Lernerfahrung: Naturbeobachtungen spielerisch umsetzen, Motorik weiterentwickeln

....

Anzahl der Kinder: 12
Material: 12 bunte Tücher o. Ä.

1 Die Kinder haben bereits Hummeln beobachtet. Die Erzieherin übernimmt zunächst die Rolle der Hummelkönigin. Die Kinder sind die Sammlerinnen und stehen dicht bei der Königin. Auf der gegenüberliegenden Seite des Raumes oder des Rasens liegen Tücher. Sie stellen den Pollen dar, den die Sammlerinnen zur Königin bringen sollen.

2 Die Hummelkönigin gibt ihren Sammlerinnen nun ein Kommando, z. B. „hakt euch ein und fliegt gemeinsam", „alle fliegen rückwärts", „alle fliegen im Zickzack", „alle hüpfen auf einem Bein" usw. und die Sammlerinnen bewegen sich entsprechend zum „Pollen", nehmen sich ein Tuch und bringen es zur Königin. Sind alle Hummeln zurück, gibt die Königin das Kommando: „Alle Hummeln summen." Die Sammlerinnen schwärmen aus und die Königin versucht, eine der Hummeln zu fangen. Diese wird dann die neue Königin und das Spiel beginnt wieder von vorn. Dieses Spiel lässt sich auch gut mit der Aktivität auf S. 53 verbinden.

Tipp: Die Aktion Hummelschutz bietet zahlreiche Tipps und Wissenswertes zu Hummeln unter http://aktion-hummelschutz.de

Kochen: *Honig-Kräuterbonbons*

1 Die Kinder haben Hummeln und Bienen bereits beim Pollen- und Nektarsammeln beobachtet. Vielleicht hatten sie sogar die Gelegenheit, einen Imker zu besuchen und einen Bienenstock zu sehen? Nun verarbeiten die Kinder Honig zu Bonbons. Die Erzieherin erhitzt eine Pfanne auf dem Herd mit maximaler Hitze. Während die Pfanne sich erwärmt, gibt ein Kind 5 El Honig hinein. Ist der Honig flüssig, muss er einige Minuten kochen. Dann kommt das Fenchelpulver hinzu und wird mit dem Honig verrührt. Die Kinder rühren die Masse abwechselnd, damit sie nicht anbrennt. Es ist ratsam, die Fenster zu schließen, sonst kommen Wespen herein.

2 Nach fünf Minuten nimmt ein Kind eine Löffelspitze Honig aus der Pfanne und lässt ihn in eine Schale mit kaltem Wasser tropfen. Erstarrt der Tropfen, hat der Honig lange genug gekocht. Der Herd wird ausgestellt und die Kinder erhalten je zwei Teelöffel. Mit einem Teelöffel nehmen sie etwas Bonbonmasse aus der Pfanne, formen sie mit dem anderen Teelöffel zu einem Bonbon und legen es auf ein Schneidebrett. Vor dem Genießen müssen die Bonbons abkühlen. Frisch schmecken sie am besten. Sie halten sich auch eine Woche im Kühlschrank. (Achtung: Sobald die Pfanne leer ist, sofort mit kochend heißem Wasser und Spülmittel auskochen, sonst geht es trotz Spülmaschine nicht ohne lästiges Schrubben ab.)

Tipp: Besorgen Sie verschiedene Honigsorten, z. B. Tannen-, Orangen- oder Lavendelblüten-, Wildblüten- und Löwenzahnhonig. Die Kinder probieren alle. Können sie herausschmecken, von welcher Pflanze er stammt?

Medientipp: Lebot, S. & Hédelin, P.: **Alles über Bienen: Von der Blüte bis zum Honig.** *Esslinger Verlag J. F. Schreiber, 2008*

> **Lernerfahrung:** Konsistenzänderung von Zutaten beim Kochen erleben
>
> **Anzahl der Kinder:** 4
> **Material:** 5 El Honig, 1 El pulverisierte Fenchelsamen (Apotheke), 1 Esslöffel, Teelöffel, 1 Pfanne, 1 Herd oder eine Kochplatte, 1 Schale kaltes Wasser, 2 große Schneidebretter (Plastik!), kochendes Wasser, 1 scharfes Küchenmesser

Frottage: *Bienenwaben*

Die Kinder betrachten die Bienenwaben. Wie sehen die Zellen aus? Können sie die Wabenecken mit geschlossenen Augen zählen? Wie riechen, wie schmecken sie? Anschließend gehen die Kinder zum Maltisch. Dort legen sie ein nicht zu dickes Blatt Papier auf die Wabe und reiben mit der flachen Seite eines Wachmalstifts über das Blatt. Die Struktur der Wabe erscheint, eine gute Möglichkeit, um Strukturen zu visualisieren und bewusst zu machen. Anschließend malen die Kinder Bienen auf das Kartonpapier, schneiden sie aus und beleben damit ihre Wabe.

> **Lernerfahrung:** Strukturen sichtbar machen
>
> **Anzahl der Kinder:** 6–8
> **Material:** Bienenwaben (Imker; ersatzweise Bienenwachsplatten mit Wabenstruktur), weiche Wachskreiden, Scheren; weißes, nicht zu dickes Papier (DIN A4); weißes Kartonpapier (100 g/m²), Klebestift

Tipp: Bienenwaben frisch vom Imker können auch gegessen werden und galten früher als Leckerei. Adressen von Imkern gibt der Deutsche Imkerbund heraus unter www.deutscherimkerbund.de

Sind Spinnen giftig?

Spinnen zählen nicht gerade zu den beliebtesten Tieren. Ihr Anblick löst bei vielen Menschen Unbehagen aus. Doch hat das auch einen rationalen Hintergrund? Es stimmt natürlich, dass alle Spinnen giftig sind, denn sonst könnten sie nicht überleben. Doch gibt es bei uns nur ganz wenige Spinnen, die überhaupt in der Lage sind, die menschliche Haut zu durchdringen und die Giftdosis wäre dabei so minimal, dass noch nicht einmal lokale Symptome auftreten würden. Überhaupt ist die Wahrscheinlichkeit, von einer Spinne gebissen zu werden, verschwindend gering, denn in der Not stellen sich Spinnen eher tot oder ergreifen die Flucht.

Spinnen sind keine Insekten. Sie gehören zu den Gliedertieren, haben aber im Gegensatz zu den Insekten acht Beine und ihr Körper ist zweigeteilt: Kopf und Brust bestehen aus einem Stück gefolgt von einem deutlich größeren Hinterleib. Die Tiere besitzen hochempfindliche Sinnesorgane und können Vibrationen und kleinste Luftbewegungen spüren. Sie haben je nach Art unterschiedlich viele Punktaugen, die alle zusammenarbeiten, und ihnen ein sehr weites Gesichtsfeld verschaffen. Mit ihrer Mundspalte können sie nur Flüssiges aufnehmen. Hat eine Spinne ihre Beute mit einem Giftbiss getötet, bringt sie ihren Verdauungssaft in das Tier. Es wird dadurch verflüssigt und die Spinne kann es aussaugen.

Alle Spinnen produzieren Spinnfäden, aber nur die Webspinnen bauen damit Netze. Kreuzspinnen nutzen ihre Spinnfäden zudem wie Tarzan die Liane als Sicherheitsleine. Die Fäden bestehen aus flüssigem Eiweiß. Mit ihrer Hilfe überqueren Spinnen unwegsames Gelände, Bäche und Flüsse. Je nach Größe der Spinne variiert auch die Fadendicke, es handelt sich allerdings um Tausendstel Millimeter.

Erkunden: Spinnennetze suchen

Lernerfahrung: Lebensraum von Spinnen wahrnehmen; Spinnennetze sind sehr unterschiedlich

Anzahl der Kinder: 4–6
Material: Pflanzensprüher mit Wasser, ggf. Digitalkamera

Die Kinder machen im Spätsommer frühmorgens oder vormittags einen Erkundungsgang, um Webspinnen und ihre Netze zu suchen. Am leichtesten sind sie zu finden, wenn der Tau noch alles benetzt. Wie viele verschiedene Netzarten finden die Kinder, z. B. das Radnetz einer Kreuzspinne zwischen den Blättern und Zweigen eines Busches oder zwischen Brennnesseln, die Baldachinnetze der Baldachinspinne zwischen Grashalmen oder gar das Trichternetz einer Trichterspinne auf dem Boden unter einem Busch? Sitzen die Spinnen in ihren Netzen oder lassen sie sich durch ganz leichtes Berühren der Netze hervorlocken? Der Aufbau von Spinnennetzen lässt sich besser erkennen, wenn sie ganz leicht mit Wasser besprüht werden. Wenn möglich, werden die Netze fotografiert, damit in der Kita alle sehen, wie schön Spinnen Netze spinnen.

Medientipp: Bellmann, H.: **Spinnen, die wichtigsten heimischen Arten**.
Extra: Netzformen und Eikokons. Franckh-Kosmos Verlag, 2001.

Gestalten: *Spinnennetze drucken*

1 Die Kinder rufen sich ins Gedächtnis, wie die Spinnennetze ausgesehen haben, die sie bei ihrem Erkundungsgang entdeckt haben. Wer mag, kann noch einmal auf den Fotos oder in einem Buch nachschauen.

2 Die Erzieherin streicht etwas Druckfarbe auf die Glasplatte und verteilt diese gleichmäßig mit der Walze auf der Platte. Ist diese vollständig eingefärbt, legt das Kind sein Papier vorsichtig auf die Druckplatte, ohne es anzudrücken. Dann zeichnet es mit dem Bleistift ein Spinnennetz auf das Papier, ohne dabei die Hand aufzustützen. Danach wird das Blatt langsam von der Glasplatte abgezogen. Wer mag, malt mit Buntstiften noch eine Spinne in das Netz, sobald die Druckfarbe trocken ist.

> **Lernerfahrung:** einfache Drucktechnik kennenlernen
> ....
> **Anzahl der Kinder:** 4–6
> **Material:** Linol-Druckfarbe, alte Zeitungen, Linol-Walze; pro Kind: 1 Glasplatt und weißes Papier (DIN A4), 1 Bleistift, Buntstifte, Malerkittel

Spielen: *Spinnennetz aus Wolle*

1 Alle stehen im Kreis. Die Erzieherin ist die Spielleiterin und behält den Überblick. Das Spiel beginnt mit einem roten Wollknäuel. Die Erzieherin wirft das erste Knäuel einem Kind zu. Dieses fängt es auf, hält den Faden fest und wirft es einem anderen Kind zu, das noch keinen Faden in der Hand hält usw., bis alle einen Faden in der Hand halten. Jeder Werfer merkt sich, wem er das Knäuel zugeworfen hat, weil er in der zweiten Runde das Wollknäuel wieder demselben Kind zuwerfen muss. Auch der Fänger muss sich merken, wer ihm das Wollknäuel zugeworfen hat, damit er in den nächsten Runden beim Fangen schnell genug reagieren kann. Es werden so viele Runden gespielt, bis Werfer und Fänger gut eingespielt sind.

> **Lernerfahrung:** Koordination, Konzentration, Reaktionsvermögen
> ....
> **Anzahl der Kinder:** 8
> **Material:** 3 Wollknäuel (rot, blau, gelb)

2 Nun wird es schwieriger. Die Erzieherin bringt zusätzlich das blaue Wollknäuel ins Spiel. Sie wirft es einem Kind zu und nun geht das Spiel wie beschrieben mit beiden Knäueln weiter. Wahrscheinlich ist das Reaktionsvermögen der Kinder damit bereits voll ausgelastet. Falls nicht, können sie auch noch mit einer dritten Farbe weiterspielen. Wenn die Spiellust nachlässt, legen alle zusammen das Netz auf den Boden und schauen, was sie fabriziert haben.

Eine Wiese ist nützlich und tut gut

Wie Menschen und Tiere Wiesen nutzen

Wiesen und Weiden erfreuen nicht nur unser Auge, sondern sind für Mensch und Tier schon seit Urzeiten eine wichtige Nahrungsgrundlage. Schon seit der Steinzeit erzeugen das Vieh durch seinen Verbiss und der Mensch durch die Mahd Grünland. Wird das Grünland als Weide genutzt, verändert sich sein Bewuchs, und ob nun Pferde, Schafe oder Rinder auf einer Weide stehen, macht ebenfalls einen Unterschied. Denn je nach Art, beißen die Tiere die Pflanzen unterschiedlich kurz über der Grasnarbe ab. Auch die Pflanzen selbst ertragen den Verbiss unterschiedlich gut. So wachsen Löwenzahn, Honiggras und Binsen beispielsweise besser auf Rinder- und Pferdeweiden als auf Schafweiden. Zudem tritt jede Tierart den Boden anders. Schafe etwa festigen die Grasnarbe. Darum sind sie auch beliebt als „Rasenmäher" auf Deichen. Pferde dagegen galoppieren und werfen dabei Erde hoch. Ist der Boden weich, bricht die Grasnarbe bald an vielen Stellen auf. So wachsen auf jeder Weide andere Pflanzen, je nachdem, wer sie kurz hält.

Wird Grünland als Wiese genutzt, so hält nicht das Vieh, sondern der Mensch die Wiese kurz: Die Pflanzen einer Wiese werden alle gleichzeitig gemäht. Durch die Mahd entwickelt sich die Wiese. Viele Arten blühen und fruchten kurz vor dem ersten oder zweiten Schnitt. Dazu vermehren sich etliche über Wurzelausläufer. Überließe man die Wiese sich selbst, würde sie durch sich ansiedelnde Sträucher und Bäume verbuschen und irgendwann würde aus der Wiese wieder ein Wald werden.

Traditionell wurden Wiesen zur Heugewinnung zweischürig bewirtschaftet (→ S. 14). Heute ermöglicht starke Mineraldüngung sogar eine fünf- bis sechsschürige Mahd. Das Mähgut wird zu Silage verarbeitet, d.h. mithilfe einer Ballenpresse aufgewickelt, verdichtet und mit Folie luftdicht verschlossen. In den Ballen setzt dann Milchsäuregärung ein, die das Gras haltbar macht. Durch die Silierung ist die Futtergewinnung aus Grünland im Gegensatz zur traditionellen Konservierung als Heu fast unabhängig von der Witterung. Darüber freut sich nicht nur der Bauer, sondern auch die Kuh. Ist der Sommer vorbei, bekommt sie Silage aus Gras, Mais, Luzerne oder Klee zu fressen und ab und zu etwas Kraftfutter. Damit erzeugt eine Hochleistungskuh bis zu 50 Liter Milch am Tag.

Auf Wiesen wachsen außer Gräsern auch viele Kräuter und so ist es kein Wunder, dass Wiesen auch als Kräuterapotheke genutzt werden. Gegen fast alles ist ein Kraut gewachsen und Kundige wissen, auf welchen Standorten sie fündig werden. Die Kräuterheilkunde ist eine der ältesten Behandlungsweisen und Spitzwegerich, Brennnessel, Kamille & Co tun nicht nur bei Kräuterkundigen, sondern in vielen Haushalten ihre Dienste.

Eine besondere Form der Wiesennutzung bietet die Streuobstwiese. Dort stehen locker verteilt hochstämmige Obstbäume; je nach Region wachsen Äpfel und Birnen, aber auch Kirschen, Walnüsse, Pflaumen und Zwetschgen. Traditionell war es üblich, Streuobstwiesen mehrfach zu nutzen, nämlich außer zum Obstanbau auch als Mähwiese oder direkt als Viehweide. Oft waren auch Bienenstöcke dort zu finden, um die Bestäubung sicherzustellen.

Mittlerweile ist es üblich geworden, solche Streuobstwiesen aus Kostengründen mit Schafen zu beweiden. Ende August geht es an die Ernte. Das Obst wird gepflückt und eingelagert. Die vielfältigen Verarbeitungsmöglichkeiten zu Marmelade, Grütze, Saft, Sirup, Dörrobst, Likör und Schnaps füllen die Kellerregale – der Winter kann kommen.

Gespräch: Was fressen die Tiere auf der Weide?

1 Eine Exkursion zu einer Pferde-, Kuh- oder Schafweide, um die Tiere beim Fressen zu beobachten, wäre ideal. Die Kinder können aber auch Bilder betrachten, die die Tiere beim Fressen zeigen. Waren die Kinder vielleicht schon einmal in den Ferien auf einem Bauernhof? Welche Pflanzen mögen die Tiere? Fressen Schafe, Pferde und Kühe das Gleiche? Alle tragen ihr Wissen zusammen und erzählen von ihren Beobachtungen, z. B. Pferde und Kühe mögen Gras, Löwenzahn und Wiesenkräuter. Pferde verschmähen auch Äpfel und Birnen nicht. Schafe und Ziegen fressen fast alles, was ihnen vors Maul kommt. Beide mögen gerne Kräuter und Schafe vor allem welche mit ätherischen Ölen wie Thymian.

> **Lernerfahrung:** Winter- und Sommerfutter von Nutztieren kennenlernen
>
> **Anzahl der Kinder:** 10
> **Material:** keines

2 Was machen die Tiere im Winter? Auf den Weiden finden sie nicht genug, um satt zu werden. Die Kinder überlegen. Haben manche Kinder Haustiere? Wie bekommen diese ihr Futter? Die Erzieherin erzählt, dass Weidetiere leben können müssten wie wilde Tiere in der Steppe, ohne Zäune, ohne Städte und Menschen, wenn sie im Winter ohne Fütterung überleben wollten. Deshalb sorgt der Mensch vor. Er macht Heu und Silage, kauft Getreide wie Hafer zu und lagert Äpfel ein. **Weiterführung:** Im Juni wird mit einem Bauern, der Grünland zur Mahd nutzt, ein Termin vereinbart, um die Herstellung von Silage zu erleben.

Tipp: Unter www.nabu.de lässt sich eine Liste von Mostereien abrufen, bei denen man seine selbst gesammelten Äpfel zu Saft pressen lassen kann.

Experimentieren: Heu machen

1 Die Erzieherin spricht im Vorfeld mit den Gärtnern ab, wann der Rasen gemäht wird. Er sollte für diese Aktion so hoch wie möglich stehen. Der Gärtner mäht an einem trockenen Tag und zieht gerade Reihen, ohne einen Sack für den Rasenschnitt anzuhängen. Die Kinder schauen beim Rasenmähen zu. Anschließend lassen sie den Rasenschnitt durch die Hände gehen und schnuppern, fühlen und riechen, wie feucht er ist, obwohl bei Trockenheit gemäht wurde.

> **Lernerfahrung:** erleben, wie aus Gras Heu wird
>
> **Anzahl der Kinder:** 6–8
> **Material:** Rasenmäher, Rechen

2 Am nächsten Tag gehen die Kinder um die Mittagszeit hinaus und wenden jede Reihe mit den Rechen, sodass das Heu, das unten lag, nun oben liegt. Die nächsten Tage wird das Heu täglich einmal gewendet. Dies geschieht so lange, bis es ganz trocken ist, denn nur wenn Heu richtig trocken ist, sodass jeder Halm bricht, kann es gelagert werden. Wird nur ein einziger Heuballen in einer Scheune feucht gelagert, kann er sich in der Scheune selbst entzünden. Ob das Heu wohl den Kaninchen und Meerschweinchen zu Hause schmeckt? Die Kinder können das Heu auch für die Aktivität S. 47 verwenden.

Gedicht: Rätsel- und Ergänzungsreime

Bauer Friedrichs Kuh heißt Heide,
sie steht auf einer grünen … (Weide).

Sie ist auf Pflanzen ganz versessen,
kann täglich davon viele … (fressen).

Gras und Kräuter, Klee, Luzerne,
mag die Kuh besonders … (gerne)!

Und ist die Heide endlich satt,
fühlt sie sich gleich ein bisschen … (matt).

Sie legt sich hin, rülpst und verdaut,
bis sich die Milch im Euter … (staut).

Viel Milch ergibt das, ohne Frag',
drum muss man melken – Tag für … (Tag).

Aus dem Euter, aus der Zitze,
melkt man die Milch –
ist das nicht … (spitze)?

Aus jener Milch aus bestem Futter,
macht der Mensch zum Beispiel …(Butter).

Für Groß und Klein, für jeden Knilch,
gibt's Käse, Jogurt, Quark und … (Milch).

So viel Leck'res von der Kuh!
Heide macht zufrieden: … (Muh)!

Übrigens: Wussten Sie schon, dass eine Kuh je nach Futtergabe täglich beim Verdauen 120 bis 500 Liter Methan durch Rülpsen und Pupsen an die Umwelt abgibt? Damit ist sie einer der Hauptverursacher des Treibhauseffektes.

Kochen: *Joghurt selber machen*

Lernerfahrung: Milcherzeugnis selbst produzieren

Anzahl der Kinder: 4
Material: 4 Schraubgläser (je 0,5 l), 2 l Milch, 2 Becher Naturjoghurt, Esslöffel, Messbecher, Topf, Küchenthermometer, 4 Handtücher, Bindfaden

1 Die Kinder füllen je zwei Esslöffel Naturjoghurt in ein Schraubglas. Währendessen kocht die Erzieherin die Mich im Topf ab. Sie muss beim Abkühlen etwa 35–38°C erreichen, dann kann sie weiterverarbeitet werden.

2 Nun gießt die Erzieherin jeweils einen halben Liter Milch in den Messbecher und jedes Kind füllt sein Schraubglas damit. Dann heben die Kinder den Joghurt in ihren Gefäßen unter die Milch und verschließen die Gläser ganz fest. Jedes Glas wird noch in ein Handtuch gewickelt und mit einem Bindfaden fest verschnürt. Nun heißt es warten: In einem dunklen, warmen Raum muss der Joghurt acht Stunden reifen, bis er stichfest ist; mit Marmelade oder Früchten vermischt – ein leckerer Imbiss!

Kräuterkunde: (Fr)essbare Pflanzen

1 Nachdem sich die Kinder damit beschäftigt haben, was Tiere auf der Weide fressen, erfahren sie, dass sie selbst ebenfalls Wiesenkräuter essen können, z. B. junge Blättchen vom Löwenzahn, Sauerampfer, Spitzwegerich, Sauerklee, Huflattich, Knoblauchsrauke oder Blüten von Veilchen, Gänseblümchen und Löwenzahn. Sie betrachten Bilder der Pflanzen in einem Bestimmungsbuch und machen sich auf einer Wiese oder Streuobstwiese auf die Suche (Achtung: Kräuter und Blüten sollten nicht auf Weiden gesammelt werden, um Verunreinigungen zu vermeiden.)

2 Wieder in der Kita wird das Sammelgut gewaschen und trocken getupft. Welche Kräuter haben wir gefunden? Die Kinder probieren. Wie schmecken die einzelnen Kräuter und Blüten? Welche Geschmacksrichtungen sind in einer Wiese zu finden?

Lernerfahrung: Menschen können auch manche Wiesenkräuter essen

Anzahl der Kinder: 10
Material: Eimer zum sammeln, ggf. Scheren

Tipp: Ein netter Spaß, um andere ein wenig zu necken: Sage drei Mal ganz schnell: Getrocknetes Gras. (Heu, Heu, Heu)

Essen zubereiten:
Quark mit Kräutern und Wiesenblüten

1 Falls die Kinder keine Gelegenheit hatten, selbst Kräuter zu sammeln, können sie manche Wiesenkräuter auch mit der Erzieherin im Bio-Laden einkaufen. Gänseblümchen, Löwenzahn und Veilchen wachsen auch auf dem Rasen. Sind die Kräuter gewaschen und trocken getupft, werden alle benannt und anschließend mit dem Küchen- oder Wiegemesser klein geschnitten.

2 Dann geben die Kinder Quark, Milch, Salz und Pfeffer in eine Schüssel und verrühren alles miteinander, bis eine geschmeidige Masse entsteht. Nun fehlen nur noch die Kräuter: Die Kinder geben ihre klein geschnittenen Kräuter in den Quark, rühren noch einmal kräftig um und lassen alles etwa 30 Minuten ziehen. Dann heißt es: schmecken lassen! Wer mag, genießt den Kräuterquark zu frischem Brot.

Lernerfahrung: Wiesen und Weiden machen uns satt

Anzahl der Kinder: 4–6
Material: für 4 Portionen: 100 g Kräuter (junge Blättchen vom Löwenzahn, Sauerampfer, Spitzwegerich, Sauerklee, Huflattich, Knoblauchrauke; Blüten von Veilchen, Gänseblümchen, Löwenzahn), 500 g Quark, 1 Tasse Milch, Salz, Pfeffer, 1 Tl Senf, 1 große Schüssel, Küchen- oder 2 Wiegemesser, Schneidebrettchen, Schälchen, Löffel, Brot

Vorlesen: *Pflanzenmedizin von der Wiese*

So ein Besuch bei den Großeltern ist für Oskar immer ein tolle Sache, weil es sich in ihrem riesengroßen Garten so herrlich spielen lässt. Auf einem Teil des Grundstücks bauen Oma und Opa verschiedene Gemüsesorten und Kartoffeln an. Der weitaus größere Teil des Gartens ist jedoch eher verwildert und bietet nicht nur der Natur jede Menge Platz, sondern auch Oskar – er kann hier spielen, toben und Abenteuer erleben: Es gibt dort einen Teich, hochgewachsene Sträucher, Stauden und Farne, mehrere Apfelbäume, einen Kirschbaum, eine duftende Blumenwiese sowie einen Schuppen, hinter dem eine dichte Brombeerhecke wächst. Und überall krabbelt, brummt, kriecht, schwimmt, hüpft und fliegt etwas herum, denn neben all den Pflanzen fühlen sich auch viele Tiere hier wohl, ganz besonders aber Oskar und seine Großeltern!

Opa hackt gerade Holz, während Oma Wiesenblumen zu Sträußen bindet und sie zum Trocknen kopfüber an einer Leine aufhängt. Oskar nascht unterdessen von den reifen, süßen Brombeeren – und da passiert es: Eine Wespe sticht ihn in die Hand. Autsch, wie das brennt! Und wie schnell die Haut rot wird und anschwillt! Oma eilt sofort herbei und pflückt auf der Wiese ein paar Blätter von einer bestimmten Pflanze. Diese frischen Blätter zerreibt und zerdrückt sie mit den Fingern, bis Saft austritt. Dann legt Oma das Ganze auf die Einstichstelle. Ah, das tut gut – sofort lassen der brennende Schmerz und das Ziehen nach, stellt Oskar fest.

„Ist das etwa ein Zauberkraut?", fragt er fasziniert. „Und hilft das gegen alles?" Oma lächelt und lüftet das Geheimnis: „Das ist Spitzwegerich! Und ein bisschen zaubern kann dieses Heilkraut wirklich: Der Blattsaft lindert bei kleinen Verletzungen den

Schmerz und verhindert, dass sich der Wespenstich entzündet. Und aus den getrockneten Blättern kann man einen Tee zubereiten, der ganz prima bei Husten hilft!"

„Spitzwegerich ist spitze!", ruft Oskar, der den Wespenstich schon viel weniger spürt. „Gibt's hier noch mehr Zauberkräuter?" Oma nickt. „Schau', auf der Wiese wachsen außer Spitzwegerich zum Beispiel Brennnessel, Schafgarbe, Kamille, Ringelblume, Wiesensalbei und Löwenzahn." „Brennnessel? Schafgarbe? Löwenzahn? Ich dachte, das wäre alles nur Unkraut oder Futter für die Kaninchen", meint Oskar. Er blickt staunend über die Wiese.

„Unkraut? Kaninchenfutter?", brummt Oskars Opa, der beim Holzhacken eine Pause eingelegt hat. „Ich liebe Löwenzahnsalat! Im Frühling sind die zarten, jungen Blätter als Salat zubereitet ein echter Genuss! Und aus getrocknetem Beifuß koch' ich mir einen Tee, wenn ich mal Magenschmerzen habe."

„Ach, deshalb trocknest du die vielen Pflanzen!", sagt Oskar voller Bewunderung zu seiner Oma. „Dann ist eure Wiese ja eine Apotheke!", stellt er außerdem fest. „Eine Zauberkräuter- und Wiesenblumen-Apotheke!" „Genau!", stimmt Oma zu. „Und das Wissen darüber, welche Pflanzen man als Heilpflanzen benutzen kann und wie sie wirken, stammt aus uralten Zeiten. Da haben die Menschen hauptsächlich Heilkräuter und Gewürze verwendet, wenn sie Krankheiten behandeln wollten. Und ob du's glaubst oder nicht – selbst die Blätter der Brombeeren, die du vorhin genascht hast, kann man als Heilpflanze verwenden." „Kamille & Co. – die machen uns froh!", reimt Opa aus dem Stehgreif, was alle drei zum Lachen bringt.

Experimentieren: *Seile aus Brennnessel*

1 Die Brennnessel ist nicht nur als Heilpflanze bekannt. Ihre Bastfasern wurden auch zur Herstellung von Stricken oder groben Stoffen genutzt. Wer das ausprobieren möchte, der muss etwa zehn starke Brennnesselstängel pro Kind mit Gummihandschuhen schneiden. Die Kinder ziehen anschließend die Blätter ab, schneiden die Stängel auf Eimerhöhe und lassen sie vier Tage mit Wasser bedeckt im Eimer stehen.

Lernerfahrung: Brennnesselstängel enthalten Fasern; aus Fasern kann man Schnur herstellen

....

Anzahl der Kinder: 5
Material: pro Schnur und Kind: 1 Eimer mit Wasser; 10 lange starke Brennnesselstängel (ca. 35 cm lang), Gummihandschuhe, Gartenschere; Zwirn, Schere

2 Dann legen sie die Stängel auf den Boden und treten sie mit den Füßen breit, sodass sie der Länge nach aufbrechen. Innen zeigt sich eine bröselige, holzige Masse, außen eine grüne, ziemlich reißfeste Haut. Die Kinder entfernen vorsichtig die holzige Schicht, bis nur noch die flachsartige Haut zurückbleibt. Diese Haut muss jetzt noch von ihrem holzigen Verbundstoff befreit werden. Dazu wird jedes Hautstück solange zwischen den Fingern gezwirbelt, bis der

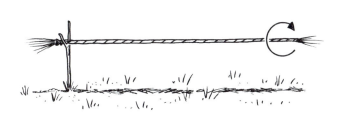

Verbundstoff abfällt und die Fasern erscheinen. Die Kinder erhalten so mehrere, etwa 20 cm lange Faserstränge.

3 Jetzt beginnt die Schnurherstellung (falls die Kinder noch keine Erfahrung mit dem Kordeldrehen haben, können sie ggf. zunächst mit Wolle experimentieren): Jedes Kind bindet die Fasern eines Stranges an einem Ende sehr fest mit einem Zwirn zusammen und

fixiert ihn mit einem Stöckchen oder einem schweren Stein. An seinem losen Ende dreht es nun den Faserstrang mit der rechten Hand beständig von sich weg und hält ihn dabei auf Spannung. Damit die Schnur die gewünschte Länge erreicht, werden nach und nach auch die anderen Faserstränge eingedreht. Dazu legt das Kind deren Fasern zwischen die losen Faserenden des gedrehten Strangs und dreht dann den Faserstrang vorsichtig weiter von sich weg.

4 Sind alle Faserstränge eingearbeitet kommt der spannende Moment: Beide Strangenden werden zusammengebracht, sodass sich der Strang halbiert und eine Schlaufe entsteht. Ein weiteres Kind hält die Strangenden fest, damit sie sich nicht wieder aufdrehen können. Das andere Kind hält den verdrehten Faserstrang an der Schlaufe auf Spannung und legt eine Schere ein. Sobald es den Faserstrang loslässt, dreht er sich von selbst zu einem Seil.

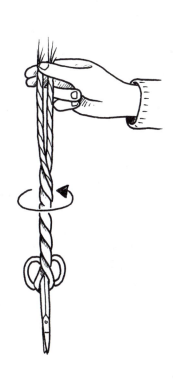

Tipp: Brennnesseln eignen sich auch zum Stofffärben. Um zehn Seidentücher hellgelb zu färben, braucht man 200 g getrocknete Brennnesselblätter und 10 g Alaun: In einem Topf 2 l für die Beize (Alaun) zum Kochen bringen und in einem zweiten Topf 5 l für den Brennnesselsud. Sobald das Wasser kocht, jeweils das Alaun bzw. die Brennnesselblätter zugeben. Die Tücher zuerst in die Beize legen, damit sie die pflanzlichen Farbstoffe besser aufnehmen, dann in den Brennnesselsud. Ist die gewünschte Farbtiefe erreicht, die Tücher herausnehmen und über dem Wäscheständer trocknen (Achtung: Boden vor Tropfwasser schützen!).

Spielen: Der Hummeln-Maulwurf-Wettlauf

1 Zunächst wird der Spielplan auf einem Kopierer auf DIN A3 vergrößert und der Maulwurf in normaler Größe kopiert (ggf. gleich mehrfach kopieren, falls das Spiel mehr Kindern zugleich zur Verfügung stehen soll). Dann werden die Kopien auf einen Fotokarton aufgeklebt.

2 Nachdem sich die Kinder noch einmal ihre Beobachtungen und Erlebnisse auf der Wiese und dem Rasen in Erinnerung gerufen haben, malen sie den Spielplan und den Maulwurf mit Buntstiften aus. Dann wird beides mit durchsichtiger Klebefolie überzogen und der Maulwurf ausgeschnitten sowie entlang der Schneidelinien in sechs Teile geschnitten.

Spielbeschreibung: Vier Hummeln fliegen über eine Wiese und wollen in der Blüte Nektar trinken. Doch unter der Erde ist der Maulwurf aktiv. Einen Haufen hat er schon aufgeworfen und weitere werden folgen. Werden es die vier Hummeln schaffen, dass alle vier zuerst auf der Blume landen, bevor der Maulwurf einen weiteren Maulwurfshaufen aufwirft und die Blume darin versinkt?

Es wird reihum gewürfelt. Zeigt der Würfel eins, zwei, drei, vier oder fünf Augen, dürfen die Hummeln vorrücken. Würfelt ein Spieler eine Sechs, so rückt er nicht vor, sondern legt ein Puzzleteil des Maulwurfs neben den Spielplan. Ist der Maulwurf komplett zusammengesetzt, bevor alle Hummeln die Blume erreicht haben, hat der Maulwurf gewonnen. Sind alle vier Hummeln im Ziel, bevor alle Maulwurf-Puzzleteile zusammengesetzt sind, haben die Hummeln gewonnen.

Variante: Um die Spannung zu erhöhen, können die Kinder vor dem Spiel vereinbaren, dass die Hummeln nur mit einer passenden Würfelzahl auf der Blume landen dürfen.

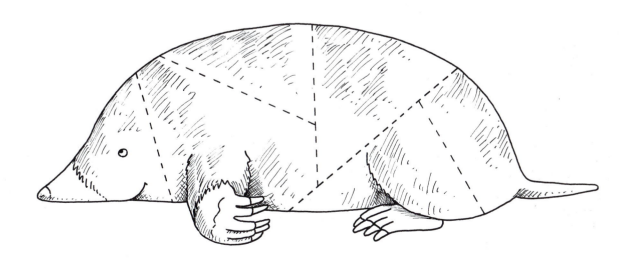

© Cornelsen Verlag, Berlin 2012, Bicker, S.: Wiese

Lernerfahrung: Spannung aushalten, zählen, Wissen spielerisch verarbeiten, kooperieren

Anzahl der Kinder: 4
Material: Spielplan S. 36 (DIN A3), Maulwurf, Zahlenwürfel; Fotokarton, durchsichtige Klebefolie, Farbstifte

Wie man sich auf Wiesen erholen kann

Dass wir Wiesen brauchen, wenn Milch und Honig fließen sollen, ist hinlänglich bekannt. Doch wie wichtig sie für uns als Erholungs- und Rückzugsort sind, wird uns meistens erst bewusst, wenn wir uns tatsächlich zu einem Ausflug auf die Wiese aufgerafft haben: Kräuterdüfte, Blütenpracht und das Gesumme und Gesurre von Heupferdchen, Libellen und Hummeln tragen uns weg aus unserem Alltag und lassen uns entspannen. Der Geist darf pausieren und die Sinne wachen auf. Bereits seit vielen Generationen ist ein Ausflug ins Grüne beliebt und verspricht Abstand vom Alltag, und nicht nur die Engländer schätzen ein Picknick. Doch auf einer Decke lässt sich nicht nur eine Mahlzeit im Freien genießen, sie lädt auch dazu ein, einfach den vorbeiziehenden Wolken nachzuschauen oder den Blick über die Landschaft streifen zu lassen. Ein Nickerchen im Schatten, Kräuter sammeln oder Blumensträuße pflücken, Schuhe und Strümpfe ausziehen und barfuß laufen, Ball spielen oder Drachen steigenlassen – Wiesen und Rasenflächen in Parks und Naherholungsgebieten laden uns ein, gemeinsam mit Freunden und der Familie die Natur zu genießen und die Seele baumeln zu lassen.

Entspannen: Wiesengenuss

Lernerfahrung: Stressbewältigungsstrategien kennenlernen, genießen

Anzahl der Kinder: 6–10
Material: ggf. Kräuteröl (→ S. 47); ggf. Decken für die Variation

1 Die Übung findet bei warmem Wetter auf einer Wiese oder dem Rasen statt. Die Gruppe sollte von anderen ungestört sein: Alle Kinder ziehen Schuhe und Strümpfe aus, legen sich auf den Rücken und schließen die Augen. Sie gehen zunächst ohne Anleitung ihren Wahrnehmungen nach. Dann versuchen sie das Gras mit allen Gliedmaßen, die den Rasen berühren, zu fühlen. Welche Gerüche hängen in der Luft? Kristallisieren sich besondere Aromen heraus?

2 Die Kinder bilden Paare. Sie zupfen einen Grashalm aus und streicheln abwechselnd über das Gesicht, die Arme und die Beine. Entwickelt sich eine große Kitzelei? Vielleicht mögen sich die Kinder auch als Abschluss gegenseitig eine Fußmassage mit selbst gemachtem Kräuteröl geben.

Variation: Die Kinder liegen auf einer Decke auf dem Rücken. Die Erzieherin leitet mit ruhiger Stimme eine „Reise durch den Körper" an: „Schließe deine Augen und richte deine Aufmerksamkeit auf deinen Körper. Spüre, welche Körperstellen den Boden berühren. Wandere zu deiner rechte Hand? Ist sie warm oder kalt? Wandere zu deinem rechten Daumen. Berührt er den Boden? Reise weiter zum Zeigefinger...". Von der rechten Hand wandert die Aufmerksamkeit über den rechten Arm zur Schulter, dann über Brustkorb und Bauch zum rechten Oberschenkel, Knie und Fuß. Dann wird zum linken Fuß gewechselt und die linke Körperseite durchwandert bis zu den Fingern der linken Hand. Zum Abschluss: „Atme tief ein und aus. Räkle dich genüsslich. Öffne deine Augen und stehe langsam auf."

Kräuterkunde: *Kräuteröl ansetzen*

1 Die Kinder sammeln Zitronenmelisse. Sie wächst häufig auch im Garten. Die Kinder zupfen je zwei Handvoll frische Blätter von den Stängeln und geben sie in ein Schraubglas. Dann gießen sie mit einem Trichter so viel Olivenöl auf die Blätter, dass die Flasche zu drei Vierteln gefüllt ist, damit sich das Öl später ausdehnen kann. Alle Blätter müssen vollständig von Öl bedeckt sein (!), sonst schimmeln sie. Die Kinder verschließen ihre Gläser und stellen sie auf eine sonnige Fensterbank. Die Gläser werden einmal pro Woche gewendet und leicht geschüttelt.

2 Nach sechs Wochen (Schafgarbenblüten nach zwei Wochen) haben sich die ätherischen Öle aus den Blättern mit dem Olivenöl vermengt. Die Kinder filtern ihr Öl durch ein Sieb und füllen es in dunkle Flaschen. Dort ist es vor Licht geschützt. Johanniskraut und Schafgarbenöl kann in die Haut einmassiert werden (Achtung: Wegen der Heilwirkung nicht innerlich anwenden!). Mit Zitronenmelissenöl kann man auch Salatsoßen verfeinern.

Tipp: Kräuter säubern Hände: Wohlriechende Blätter und Blüten von Gräsern und Kräutern sammeln, in einem alten Karton auslegen und mehrmals in der Woche mit trockenen Händen wenden. Sind alle Pflanzenteile trocken, werden sie in eine schöne Schachtel umgefüllt. Schmutzige Hände werden sauber und duften, indem die Kinder die Kräuter wie trockene Seife an den Händen reiben.

Lernerfahrung: Kräuter geben Wirkstoffe an Öl ab

Anzahl der Kinder: 4–6
Material: pro Flasche: 2 Handvoll frische Blätter der Zitronenmelisse (alternativ zur Massage: Johanniskrautblüten, Schafgarbenblüten), 1/2 l Olivenöl; braune Flaschen mit Korken (je 0,5 l), transparente Schraubgläser (à 0,5 l), 1 kleines Küchensieb, 1 Trichter, Küchentisch

Genießen: *Heuduftkissen*

In der Kuschelecke können die Kissen den Kindern zur Entspannung verhelfen. Zuhause lagern sie gut unter dem Kopfkissen und duften fein zum Einschlafen. Falls die Kinder eine Blumenwiese angelegt (→ S. 13) und/oder Heu gemacht haben (→ S. 41) können sie das Heu hier verwenden.

Lernerfahrung: Feinmotorik weiterentwickeln, entspannende Wirkung von Kräuterduft erleben

Anzahl der Kinder: 4–6
Material: pro Kissen: 100 g Lavendelblüten, 400 g Heu, dünner, rechteckiger Stoffrest, Nadel, Faden, Sicherheitsnadeln, ggf. Samtband (ca. 25 cm)

1 Die Kinder falten ein rechteckiges Stoffstück in der Mitte, die linke Stoffseite ist außen. An zwei Seiten wird der Stoff ca. 1,5 cm umgeschlagen, mit Sicherheitsnadeln festgesteckt, damit sich der Stoff nicht verschiebt, und festgenäht.

2 Nun wenden die Kinder den Stoff, sodass die rechte Seite außen liegt, und füllen ihr Kissen mit Heu und Blüten. Danach nähen sie das Kissen zu. Falls die Geduld dazu nicht mehr ausreichen sollte, können sie es auch wie ein Säckchen mit einem Samtband verschließen.

Medientipp: Frommherz, A. & Biedermann, E.: **Kinderwerkstatt Zauberkräuter:** *Mit Kindern die Geheimnisse und Heilkräfte der Pflanzen entdecken,* AT Verlag, 2010

Fantasieren: Wiesenwörtergeschichten

1 Die Kinder sammeln Wörter, die beschreiben, was eine Wiese ausmacht, wer oder was zu einer Wiese gehört, z. B.:

- Was auf der Wiese wächst: Gräser, Frauenmantel, Schafgarbe, Gänseblümchen, Löwenzahn, usw.
- Wer von Wiese und Weide lebt: Kuh, Schaf, Storch, Maus, Maulwurf, Regenwurm, Ameisen, Schnecken, Grashüpfer, Hummeln usw.
- Was Menschen und Tiere auf der Wiese machen können: essen, fressen, schlafen, spielen, krabbeln, kriechen, riechen, pflücken, graben, sammeln, wuseln, schlängeln usw.
- Was die Pflanzen auf der Wiese tun: wachsen, blühen, wogen, verwelken usw.
- Auch Fantasiewörter sind willkommen: schnurbseln, zickzacken, brummhummeln, raschelwascheln, rieselbieseln usw.

2 Die Erzieherin notiert die Wörter und liest sie noch einmal vor. Dann erfinden alle gemeinsam damit eine Fantasiegeschichte. Die Erzieherin beginnt als Erzählerin, z. B.: „Stellt euch vor, was mir gestern Nachmittag passiert ist. Ich gehe gerade vom Einkaufen nach Hause. Steht da nicht plötzlich mitten auf dem Gehweg …" Sie stoppt und die Kinder rufen ihr eines der gesammelten Wörter zu, z. B. „ein Storch" – „… ein Storch und schaut neugierig auf meine Einkaufstasche. Eigentlich dachte ich ja, dass Störche …." Der Fantasie sind keine Grenzen gesetzt. Wenn die Kinder das Prinzip verstanden haben, übernehmen die Kinder abwechselnd die Rolle des Erzählers. Anschließend können die Kinder ihre Fantasiegeschichte gestalterisch umsetzen.

Dokumentation: Wenn Sie das Erzählen aufzeichnen, können die Kinder später ihre Geschichte immer wieder anhören oder den anderen Kindern in der Gruppe vorspielen. Auch die Eltern können damit bei einem Elternabend oder einem Fest vom Ideenreichtum ihrer Kinder erfahren.

Alternativen 1: Soll der Schwerpunkt der Aktivität weniger auf dem kreativen Umgang mit Wörtern und Sprache liegen und mehr die Merkfähigkeit der Kinder erweitern, bietet sich das Spiel „Ich packe meinen Koffer" an. Die Kinder packen dann reihum immer eine Wiesenpflanze oder einen Wiesenbewohner mehr in ihren Koffer. Wer einen Kofferinhalt aufzuzählen vergisst, stellt ihn pantomimisch dar.

2: Auch das bekannte „Ich sehe was, was du nicht siehst" oder alternativ „Ich spüre was, was du nicht spürst" eignet sich gut als Wiesenspiel bei einem Picknick, um die verschiedenen Sinnesreize ihren Auslösern zuzuordnen.

Essen & genießen: Wiesen-Picknick

1 Die Erzieherinnen suchen im Vorfeld ein geeignetes Gelände und erkunden es. Am Vortag bereiten die Kinder mit der Erzieherin das Picknick vor. Wer die Gelegenheit dazu hat, geht bereits zusammen einkaufen. Die Kinder überlegen, was sie gerne bei ihrem Picknick essen und trinken wollen und was sie sonst noch alles für ihren Ausflug brauchen. Dann packen sie den Bollerwagen mit den nicht verderblichen Dingen.

2 Am Ausflugsmorgen schmieren die Erzieherinnen die Butterbrote und packen die Kühltasche mit den Lebensmitteln. Dann brechen alle zu einem „Entspannungstag" auf einer Wiese auf. An einem geschützten, schönen Plätzchen breiten sie ihre Sachen aus. Die Gruppe sammelt gemeinsam essbare Kräuter für die Butterbrote. Einige können auch in den Apfelsaft hinein: Wenn sie eine Stunde gezogen haben, schmeckt Apfelsaft nicht nur nach Apfel, sondern auch nach Blumen. Besonders gut schmecken duftende Blüten wie Johanniskraut, Löwenzahn, Schafgarbe oder Taubnessel. Für Spiel und Spaß sorgen z. B. die Aktivitäten auf Seite 13, 17, 35, 46 und 48.

Lernerfahrung: im Freien essen, Abwechslung zum Alltag erleben, Gewohnheiten durchbrechen

Anzahl der Kinder: 5–10
Material: Teller, Becher; Kühltasche mit Apfelsaft (ca. 1/2 l/ Kind), Mineralwasser (ca. 1/2 l/ Kind), Butterbrote, 1 Platte Streuselkuchen, Servietten, Mülltüte; 1 Bollerwagen, Decken, kleiner Eimer; Sonnencreme, Sonnenhüte, Notfallapotheke; ggf. Materialien für Spiele

Elternkooperation: Ein Ausflug eignet sich gut, um Eltern in die pädagogische Arbeit einzubeziehen. Vielleicht kann sich ein Vater oder eine Mutter Zeit nehmen, um die Gruppe zu begleiten? Ein Picknick kann auch ein Kindergartenjahr abschließen oder die Kindergartenzeit für die Schulkinder.

Spielen & bewegen: Wiesenschrat

1 Wiesenschrate sind groß, dürr und lang. Vor allem sind sie magisch und können sich in alles Mögliche verwandeln. Zunächst ist die Erzieherin die Spielleiterin. Mit einem Zauberspruch verwandelt sie alle Kinder in Wiesenschrate. Auf ein akustisches Signal hin laufen alle durcheinander. Mit dem nächsten Signal gibt der Spielleiter vor, wie sich die Wiesenschrate bewegen sollen: langsam gehen, rennen, hüpfen, krabbeln, kriechen usw.

2 Ertönt das Signal zweimal, bilden die Kinder Paare und bekommen die Aufgabe, ein Wiesentier gemeinsam pantomimisch darzustellen, z. B. eine Schnecke oder eine Hummel. Ertönt das Signal viermal, finden sich entsprechend vier Kinder zusammen und stellen einen Wiesenbewohner dar, z. B. einen Tausendfüßler oder eine Blüte. Haben alle Kleingruppen ihre Darstellung erprobt, zeigen sie ihre Figur den anderen Mitspielern. Sind die Kinder mit dem Ablauf vertraut, übernimmt ein Kind die Spielleitung.

Lernerfahrung: Motorik und Reaktionsvermögen weiterentwickeln, kooperieren, kreativ sein

Anzahl der Kinder: 10–15
Material: ggf. Tambourin o. Ä.

Fantasiereise: Ein Sommertag auf der Wiese

Stell' dir vor, du bist ein wunderschöner, kleiner Schmetterling. Du flatterst an einem lauen Sommermorgen über eine blühende und duftende Wiese und fühlst dich herrlich leicht und frei. Du genießt den wunderbaren Duft der vielen Blumen, Kräuter und Gräser, spürst wohlige Wärme und lässt dich vom milden Sommerwind treiben.

Der blaue Wiesensalbei lädt dich zur Landung ein und du lässt dich sanft auf einer seiner wohlriechenden Blüten nieder. Auch die anderen Pflanzen um dich herum verströmen einen betörenden Duft und wiegen sich verlockend in der leichten, frischen Brise. Die Sonnenstrahlen wärmen dich und kitzeln deine bunten Flügel. Ach, ist das angenehm! Langsam klappst du deine Flügel immer wieder auf und zu. Du hörst die Vögel zwitschern und entdeckst in der Nähe eine dicke Hummel, die ihren Rüssel tief in eine der Blüten steckt, um gierig und genussvoll süßen Nektar zu saugen.

Du spürst, wie du Appetit bekommst, und so kostest auch du von dem leckeren Nektar. Mmh, das schmeckt fein! Nun bist du gesättigt. Zufrieden und neugierig zugleich beobachtest du eine kleine Spinne, die zwischen zwei Löwenzahnstängeln ihr kunstvolles Netz spannt. Weiter unten döst ein kleiner Grasfrosch im Schatten, während eine Ameisenkolonie unbeirrt ihres Weges durch die Wiese zieht. Die Welt um dich herum ist voller Farben, Duft und Leben.

Dann wird es heißer. Die Sommersonne steht nun hoch über der Blumenwiese.

Du fühlst dich schwer und schläfrig. Gemeinsam mit einem Marienkäfer suchst du vor der Mittagshitze Schutz unter den Blättern einer Margerite, um ein wenig auszuruhen und zu entspannen. Am Nachmittag hebst du dann erholt wieder ab und fliegst vergnügt von einer Blüte zur nächsten – das macht einen Riesenspaß! Auch ein Grashüpfer springt gut gelaunt und kraftvoll kreuz und quer über die blühende Wiese und kommt dir bei einem seiner hohen Sprünge fast in die Quere. Das bringt dich so zum Lachen, dass deine Fühler hin und her wackeln. Ach, wie schön ist es hier auf der Wiese!

Gegen Abend setzt plötzlich ein Sommerregen ein. Die Erde dampft und riecht nach Staub, als dicke Tropfen zu Boden platschen. Die Luft kühlt ab und erfrischt dich und alles um dich herum. Überall rinnt, perlt und tropft Wasser von Blättern, Ästen, Stängeln und Blüten herab. Auch im Netz der kleinen Spinne haben sich Regentropfen verfangen, die wie glänzende Perlen zauberhaft funkeln.

Es ist Nacht geworden. Das quirlige Leben und bunte Treiben auf der Wiese kommt zur Ruhe. Viele Blumen senken ihre Köpfe und schließen ihre Blüten. Auch du rollst an einem sicheren und geschützten Ort deine Fühler ein, klappst die Flügel zusammen und schließt entspannt die Augen, während die Grillen ihr nächtliches Konzert zum Besten geben. Ausgeschlafen, erholt und entspannt öffnest du am nächsten Morgen wieder die Augen – so wie jetzt!

Tipp zur Fantasiereise:
Fantasiereisen als Meditations- und Entspannungsübung brauchen eine gute Vorbereitung.

Raum:
- Meditativen Mittelpunkt (z. B. Holzreifen, kreisförmig gelegtes Seil) mit Anschauungsobjekten (z. B. Gräser, Wiesenblumen, Heu) gestalten
- Pro Kind strahlenförmig vom Meditationskreis ausgehend eine Matte auslegen
- DVD-Player, geeignete Entspannungsmusik, eine kleine Zimbel als Zaubergong.

Kinder:
- Mit den Kindern im Vorfeld über die Meditationsübung und über Regeln sprechen (z. B. es wird während der Fantasiereise nicht gesprochen), Ablauf der Fantasiereise erklären
- Gemeinsam die Objekte im Meditationskreis betrachten, besprechen, befühlen, beschnuppern.

Ablauf:
- Die Kinder legen sich mit den Füßen in Richtung Kreismittelpunkt, die Musik spielt leise
- Auf Anweisung der Erzieherin atmen nun alle zunächst mehrfach tief ein und aus
- Wenn der Zaubergong 3 x angeschlagen wird, werden die Augen geschlossen
- Die Fantasiereise wird langsam und ruhig vorgelesen
- Am Ende ertönt wieder 3 x der Zaubergong; alle recken und strecken sich (im Liegen, Sitzen und abschließend im Stehen)
- Reflexion und Besprechung, z. B.: Wie habe ich mich gefühlt? Was habe ich erlebt? Gestalterisches Umsetzen der Fantasiegeschichte und Erlebnisse.

Meditatives Malen:
Gestalten mit Kleisterpapier

1 Die Aktivität eignet sich gut, um die Erlebnisse bei einer Fantasiereise oder auch bei Erkundungsgängen zu verarbeiten. Der Maltisch muss gut abgedeckt sein und die Kinder sollten alte Kleidung und Malerkittel tragen, da die Farbe sich nur im nassen Zustand auswaschen lässt. Die Kinder brauchen Platz, um ggf. beidhändig malen zu können, das Papier ggf. mit Kreppband fixieren, damit es sich nicht einrollt. Die Materialien zum Musterziehen liegen bereit.

2 Zunächst streichen die Kinder ihr Papier mäßig dünn mit Tapetenkleister ein. Dann tragen sie mit dem Pinsel auf den nassen Kleister eine Farbschicht auf, z. B. in Grüntönen. Nun können sie mit den Fingerspitzen, mit den Handflächen und/oder mit den bereitgestellten Materialien Muster in die Kleisterfarbe einbringen. Vielleicht regt sie das haptische Erlebnis einfach zum „Schmieren" und beidhändigen Malen an. Vielleicht inspirieren sie die Strukturen, die durch die Verdrängung der Farbe entstehen, aber auch zu einer Bildidee. Das Papier gut trocknen lassen; falls es sich wellt, kurz auf der Rückseite heiß bügeln.

Lernerfahrung: Erlebnisse gestalterisch verarbeiten, Gestaltungstechnik kennenlernen

Anzahl der Kinder: 6
Material: Tonpapier (DIN A3, weiß), Tapetenkleister, Wandabtön- oder Plakafarbe, breiter Pinsel, Wasserglas, Malerkittel, Gegenstände zum Muster ritzen (z. B. Pappstreifen, Kamm, Gabel, Borstenpinsel, Schwamm, zerknüllte Lappen o.Ä.), ggf. Bügeleisen

Wiesen in Kunst und Kultur

Wie Wiesen Musiker inspiriert haben

Ein Konzert der besonderen Art bietet eine Wiese im späten Frühling oder im Sommer. Auf eine Decke gebettet und auf dem Rücken liegend mit geschlossenen Augen taucht man ein in die Welt der Naturmusik: Unterschiedlichste Vogelgesänge, deren Spektrum von kurzen Tonmotiven bis hin zu langen Melodien reicht, dazu hohes und tiefes, hektisches und gemächliches Insektenbrummen oder das Zirpen der Grillen.

Vor allem die einzelnen Geräusche, die auf einer Wiese zu hören sind, haben Komponisten immer wieder dazu angeregt, Musik zu erschaffen, die diese akustischen Erscheinungen aufgreift. Ein sehr früher Beleg dessen ist das um 1505 komponierte Werk „El Grillo" (Die Grille) des Komponisten Josquin des Prez (1450–1521) aus der Frührenaissance. In dem vierstimmigen weltlichen Lied imitieren die Sänger das Zirpen der Grille durch ein spezielles Trällern.

Ein weiterer wichtiger Meilenstein der Vertonung der Geräusche auf einer Wiese kommt dem französischen Komponisten Camille Saint-Saens (1835–1921) zu. In seinem berühmten Werk „Der Karneval der Tiere" vertonte der Komponist unterschiedlichste Tiere und Tierstimmen oder auch deren Eindruck auf uns Menschen. In dem kurzen, nur 1,5 Minuten andauernden Stück „Volière" vertont er das Zwitschern und Flattern von Vögeln durch ausnotierte Triller in der Flötenstimme und einem beständigen Tremolo – eine Spieltechnik, die einen zitternden Ton zur Folge hat – in den hohen Streichern.

Die Beschäftigung mit dem Thema Wiese reicht bis in unsere Zeit. Mit dem Titel „The Meadow" (Die Wiese) findet sie ihren aktuellsten Niederschlag in der 2009 von Alexandre Desplat (*1961) komponierten Filmmusik zu dem Film New Moon aus der Twilight-Saga.

Das wohl berühmteste Werk, das ein Wiesengeräusch aufgreift, ist der „Hummelflug" des russischen Komponisten Nikolaj Rimskij-Korsakov (1844–1908). Es bildet einen Teil der 1900 komponierten Oper „Das Märchen vom Zaren Saltan" und ist der Spätromantik zuzuordnen. In diesem sehr schnell gespielten Stück (Tempobezeichnung Vivace: Lebhaft) bringt ein in eine Hummel verwandelter Prinz zwei böse Schwestern mit gezielten Stichen zum Schweigen. Der Hummelflug war schon immer eine Herausforderung an die Virtuosität eines Musikers, sodass mittels des Stückes schon einige Rekordversuche gemacht wurden: Der Geiger David Garrett spielte das Stück 2008 in 65,25 Sekunden und kam damit in das Guinnessbuch der Rekorde. Die Einspielung des Stücks durch den Briten Oliver Lewis in 63,35 Sekunden wurde dagegen nicht in das Guinnessbuch aufgenommen, da er das Stück nicht fehlerfrei spielte.

Dass das Stück einmal Anlass zu Rekordversuchen werden könnte, hätte Nikolaj Rimskij-Korsakov sicherlich nicht erwartet. Der zur Melancholie neigende Spross einer Adelsfamilie lebte eher scheu und zurückgezogen. 1861 wurde er Teil eines Kreises russischer Komponisten, die als das „Mächtige Häuflein" bezeichnet wurden: Mili Balakirew, Modest Mussorgsky, Cèsar Kjui, Alexander Borodin und Nikolaj Rimskij-Korsakov. Ihr Ziel war es, eine nationalrussische Musik zu schaffen, die bewusst mit den akademischen Kompositionstechniken brach und sich dem Dilettantismus verschrieb. Dazu schrieb Rimskij-Korsakov in seiner Chronik: „Wir brauchen keine systematische Ausbildung, sondern wir müssen von Anfang an schöpferisch tätig sein und an den eigenen praktischen Versuchen lernen."

Malen nach Musik: *Der tanzende Stift*

1 Die Kinder legen sich auf den Boden und schließen die Augen. Die Erzieherin macht mit den Kindern eine kurze Fantasiereise und führt sie darin auf eine blumige und duftende Sommerwiese. Sie schildert die Eindrücke dort, die verschiedenen Düfte, Geräusche und die haptische Erfahrung von Gras. „... Von weitem kommt langsam das Geräusch einer schnell fliegenden Hummel näher ... und das klingt so:" Das Musikstück wird langsam eingeblendet und bis zum Ende abgespielt. Nach der ersten Begegnung mit dem Werk öffnen die Kinder die Augen und schildern ihre Eindrücke bzw. inneren Bilder.

2 „Stellt euch vor, eine Tänzerin/ein Tänzer würde zu dieser Musik auf einer großen Bühne vor einem großen und fein angezogenen Publikum tanzen. Wie würde dieser Tanz wohl aussehen?" Die Kinder schildern ihre Vorstellungen oder machen Bewegungen vor. Die Erzieherin spricht weiter: „Wir könnten einen Wachsstift in einen Tänzer verwandeln. Und ein Blatt Papier wäre seine Tanzbühne."

Tipp: Um die Vorstellung eines tanzenden Stifts noch zu verstärken, kann der Stift z. B. mit einem Umhang oder einem Ballettrock gestaltet werden.

3 Jedes Kind nimmt einen schwarzen Wachsstift und erhält ein DIN A3-Blatt. Die Erzieherin demonstriert in der Luft, wie sich der Stift zu der Musik bewegen könnte. Hilfreich für das spätere Malergebnis ist es, wenn eine durchgehende Linie gezeichnet wird. Das ist aber nicht zwingend und der Stift darf auch Sprünge machen. Die Musik wird abgespielt und die Kinder lassen ihren Stift zur Musik über das Papier tanzen. Hierbei entsteht ein Geflecht aus Linien, die sich gegenseitig überkreuzen und überlagern.

4 Nun sucht sich jedes Kind zwei Grundfarben aus, die es zur farblichen Gestaltung des Liniengewirrs am schönsten findet. Die Kinder malen die entstandenen Flächen mit diesen Farben bzw. Mischtönen dieser Farben (Wasserfarben) aus. Wenn möglich sollen Flächen, die direkt nebeneinander liegen, nicht in derselben Farbe ausgemalt werden. Es ist auch denkbar, dass die Kinder einige der entstandenen Flächen leer lassen, um sie später zur Akzentuierung mit einer weiteren Farbe zu gestalten.

Lernerfahrung: Werk der russischen Musiktradition kennenlernen, musikalischer Eindrücke in Bewegung umsetzen und gestalten

Anzahl der Kinder: 4–14
Material: Hummelflug (Orchesterversion, kein Rekordversuch da diese musikalisch etwas unter dem Tempo leiden, Probehören unter: http://www.youtube.com/watch?v=KDVgyK8y2Pw); DIN A3-Papier, schwarze Wachskreide, Wasserfarben, alternativ auch Filz- und Buntstifte

Tipp: Wachsstift und Wasserfarben haben den Vorteil, dass dank der Wasserfarben auch größere Flächen schnell bemalt und dank des Wachses voneinander getrennt sind. Aber diese Art, nach Musik zu malen, kann auch mit Blei- und Buntstiften oder mit Filzstiften realisiert werden. Dann empfehlen sich allerdings kleinere Papierformate. Natürlich kann den Kindern die Farbwahl auch völlig freigestellt werden. Das Resultat ist jedoch häufig interessanter, wenn der Farbraum etwas begrenzt wird.

Geräuschecollage: *Wiesenstimmen*

Eine Frühlings- oder Sommerwiese bietet dem stillen Zuhörer ein Konzert der besonderen Art: hohes und tiefes Summen von Insekten, das Rascheln von Gräsern im Wind, verschiedene Vogelrufe und Melodien, Käferbrummen, das Piepsen einer Maus, der Ruf eines Raubvogels, das Plätschern eines Baches oder auch das Quaken eines Frosches.

1 Vorbereitend besuchen die Kinder in einer Kleingruppe eine üppige Wiese. Sie nehmen ggf. Decken mit und legen sich in aller Stille auf die Wiese, um den Wiesengeräuschen zu lauschen. Anschließend werden die verschiedenen Geräusche vor Ort besprochen, um sie dann nochmals bewusst aus dem Klangteppich herauszuhören.

2 In der Kita wird im Kreisgespräch nochmals aufgearbeitet, was die Kinder alles gehört haben und was sie noch hören könnten. Einzelne Geräusche werden nachgeahmt, z. B. das hohe Sirren einer Mücke mit der Zunge auf einem S-Laut oder das tiefe Brummen einer Hornisse oder eines großen Käfers. Die Kinder üben, hohe und tiefe Insektenfluggeräusche nachzuahmen. Sie imitieren ebenso einzelne einfache Vogelstimmen, das Rauschen des Windes und das Quaken eines Frosches, das Zirpen von Grillen oder das Piepsen von Mäusen. Die Geräusche, die sie nicht mit der Stimme realisieren können, erzeugen sie mit Hilfe verschiedener Materialien, z. B. das Rascheln des Windes mit dünnem Seidenpapier, welches zusammengeknüllt wird; das Plätschern eines Baches mit Hilfe einer Schüssel Wasser, indem die Handflächen vorsichtig auf die Wasseroberfläche klatschen; ein sanfter Regen mit Hilfe eines Regenstabs.

3 Nun werden die verschiedenen Tierstimmen und -geräusche an einzelne Kinder verteilt und spielerisch geübt: „Eine Wespe fliegt vorbei ... ich höre eine Mücke ... irgendwo quakt ein Frosch ...". Eine Stimme kann auch von mehreren Kindern übernommen werden. Dann wird die Geräuscherzeugung gemäß einer Partitur vorbereitet:

Die Erzieherin hängt eine großformatige Kopie oder ein großes selbstgezeichnetes Plakat der einstimmigen Partitur an die Wand. Mit einem Stab fährt sie die Stimme von links nach rechts ab. Fährt der Stab über eine Linie, so erzeugen die Kinder ein Geräusch, ist er gerade über einem weißen Bereich, herrscht Stille. Um das Partiturlesen zu üben, empfiehlt es sich, alle Kinder gemeinsam zunächst nur eine Stimme üben zu lassen, bis alle das Prinzip verstanden haben.

4 Nun kommt die große Partitur mit allen Stimmen zum Einsatz. In der ersten Spalte können jeweils am Zeilenanfang Symbole für das jeweilige Tier oder Naturgeräusch eingezeichnet oder die Memorykärtchen von S. 32, 33 verwendet werden. So wird mithilfe der mehrstimmigen Partitur ein kleines Wiesenkonzert hörbar. Wird die Geräuschecollage aufgenommen, kann sie mit den Kindern ausgewertet und später der Gesamtgruppe sowie bei einem Elternabend vorgespielt werden.

Instrument bauen: *Holunderflöte*

Holunder ist ein Naturmaterial, das sich hervorragend zur Herstellung aller möglichen Gegenstände eignet. Da sich im Inneren der Holunderäste ein weiches Mark befindet, welches sich leicht herauslösen lässt, hat man schnell ein kleines Röhrchen für verschiedenste Zwecke ausgehöhlt, z. B. ein Blasrohr, einen Geheimbehälter, eine Flöte oder ein Fernrohr.

Elternkooperation: Der Bau einer Holunderflöte erfordert an manchen Stellen die Hilfe eines Erwachsenen. So würde sich diese Aktivität auch gut für einen Elternnachmittag eignen, bei dem jedes Kind von einem Elternteil unterstützt wird.

1 Zunächst wird ein Erkundungsgang zu einem Holunder unternommen. Die Erzieherin nimmt hier am besten eine Garten- oder Astschere mit, da sich die Äste hiermit wesentlich leichter abtrennen lassen als mit einer Säge. Am besten ist es, den Holunder im Spätherbst oder im frühen Winter zu schneiden. Die Kinder betrachten abhängig von der jeweiligen Jahreszeit die Merkmale von Wuchs, Rinde, Blättern und Früchten.

2 Jedes Kind erhält ein Aststück von ca. 15 cm Länge. Vorsichtig wird der Ast ringsherum auf eine harte Unterlage oder Kante geklopft. So lösen sich später die Rinde und das innere Mark besser.

3 Das Holunderstück wird vorsichtig entrindet (mit einem etwas stumpferen Messer können dies die Kinder selbst machen). Mit einem Metallstab oder einem festen Draht höhlen die Kinder anschließend das Innere des Holunderastes aus.

4 Nun schleifen die Kinder das entrindete und ausgehöhlte Holunderstück außen – und so gut es geht auch innen – glatt, damit die Flöte schön aussieht und sich gut anfühlt.

Lernerfahrung: Instrument selber bauen, Eigenschaften von Naturmaterialien erkunden, Motorik trainieren

Anzahl der Kinder: 4–10
Material: Pro Kind: ein Holunderast (etwa 15 cm lang, 1–2 cm ø), 1 dünner Metallstab/fester Draht zum Aushöhlen, ein stumpfes Buttermesser, feines Schleifpapier (120er Körnung), Kork oder weiteres dünneres Astmaterial; 1 Taschenmesser (für den Erwachsenen)

5 Nun kommt der Erwachsene zum Einsatz: Etwa 1,5 cm vom Rand entfernt wird eine Kerbe in den Ast geschnitten. Auf Länge dieser 1,5 cm wird ein halbiertes Aststück in das Mundstück eingepasst. Es sollte möglichst genau und ohne Luftlücken in das Mundstück hineinpassen. Das Mundstück kann auch

aus Kork geschnitten werden. Damit ist eine Pfeife entstanden. Werden nun noch Löcher in den Ast geschnitten oder gebohrt, so wird eine Flöte daraus. Bei den Grifflöchern sollte der Abstand möglichst groß, aber nicht größer als die Griffweite der Finger des Kindes sein.

6 Die Kinder probieren ihre Flöte aus. Zur Verschönerung kann sie auch noch mit Leinöl (eher gelblich), Olivenöl (eher grünlich) geölt oder bemalt werden. Am besten deckt und trocknet Acryl.

Wie Wiesen Künstler inspiriert haben

Albrecht Dürer, Rasenstück

Saftige, sonnige Blumenwiesen haben Maler schon seit Jahrhunderten inspiriert. Albrecht Dürer etwa malte 1503 ein Stück Blumenwiese mit Aquarellfarben, das an Detailgenauigkeit wohl so noch nicht zu sehen war. Löwenzahn, Spitzwegerich und Gräser sind ganz exakt dargestellt und wir erkennen sie sogleich.

Etwa zur gleichen Zeit zeichnete Leonardo da Vinci eine Wildblumenskizze in Italien. Er hat Pflanzen vor dem Zeichnen meist genau studiert und seziert. Doch diese Skizze geht über eine reine Naturdarstellung hinaus. Sie zeigt den künstlerischen, ästhetischen Anspruch, der da Vinci antrieb: Die Gräser sind wie ein Nest schwungvoll um den Stängelansatz der Blumen geschlungen und wirken dadurch dynamisch und fast ornamental.

Erst die Impressionisten im 19. Jahrhundert ließen die Blumenwiese auf ihren Leinwänden regelrecht zum Leben erwachen. In dieser Zeit vollzog sich eine Wende in der Malerei, die für den damaligen Betrachter eine große Herausforderung darstellte. Die impressionistischen Künstler wandten sich mit ihren Motiven der Natur zu und schufen überwiegend

Landschaftsbilder: Seen, Meere, Flüsse, die Luft, Pflanzen, Wälder und Wiesen wurden in atmosphärisches Licht getaucht. Die Künstler setzten sich mit den schwerwiegenden Folgen der industriellen Revolution auseinander: Übervolle Städte, qualmende Fabriken und Eisenbahnen setzten der Natur schwer zu und gaben ihr einen vollkommen neuen Stellenwert. Während die Natur bis zur Romantik als Holz- und Nahrungslieferant hauptsächlich einen Nutzwert hatte, wurde sie nun zur Projektionsfläche für allerlei menschliche Sehnsüchte.

Das Bild „In der Blumenwiese" von Claude Monet gibt dafür ein eindrückliches Beispiel. Es zeigt eine Dame auf einer Wiese, tief in ein Buch versunken. Die lässige Art, wie sie es sich bequem gemacht hat, unterstreicht die sanfte Bewegtheit und die Ruhe, die von der Wiese ausgehen. Obwohl sie mit Sicherheit dem vornehmen Bürgertum angehört, legt sie sich unbekümmert ins Gras. Der Sonnenschirm, der ihr die vornehme Blässe erhalten soll, liegt unbeachtet hinter ihr. Grasflecken und allerlei Insekten, die um sie herum schwirren, scheinen sie nicht zu stören. Das hohe Gras und die Blumen umrahmen die Lesende wie eine zarte Hülle. Sie versinkt darin, den Banalitäten und Sorgen des Alltags entrückt.

Monet verzichtet auf feine Details und klare Linien und setzt mit groben Pinselstrichen, gezielt dem Schwung der Gräser folgend, Grashalmstriche lässig über die Leinwand. Ein paar verstreute Farbtupfer entsprechen dem munteren Chaos der Blumen. Der Betrachter spürt sich hier selbst liegen: wie es riecht und wie die Gräser auf der Haut kribbeln, wie eine vorbeiziehende Wolke Schatten spendet, wie es in den Ohren summt und sich ab und zu ein Insekt auf dem Buch niederlässt und den Lesefluss unterbricht.

Auch der Maler Hans Thoma hat in seinem Bild „Waldwiese" (→ S. 58) auf Detailgenauigkeit zugunsten einer atmosphärisch wirkenden Impression verzichtet. Wir können ohne Mühe die friedliche, gelassene Atmosphäre erkennen, die dort auf der teils sonnigen, teils schattigen Wiese am Waldrand herrscht. Trotz ihrer feinen Garderobe geht die junge Dame ganz entspannt ihrer Beschäftigung nach. Sie bückt sich um Blumen zu pflücken und scheint sich vom Getümmel der Insekten auf dem Boden oder am Wasser nicht stören zu lassen.

Gestalten: *Insekten auf der Wiese*

1 Diese Aktivität lässt sich gut auf eine „Insekten-Safari" (S. 21) mit anschließender Insektenbestimmung aufbauen. Die Kinder gießen auf einer Wiese einen sehr flüssigen, grünen Farbklecks aus verdünnter Dispersions- oder Acrylfarbe auf die Leinwand. Sie drehen die Leinwand um und verteilen die Farbe, in dem sie die Leinwand über ein Stück Wiese reiben. Je nach Bewegung erhält die Leinwand dadurch verschiedene grüne Strukturen.

2 Nachdem die Grundierung getrocknet ist, zeichnen die Kinder mit schwarzer Tusche oder mit einem Filzstift schwarze Krakeleien dazu, ggf. auch mit verbundenen Augen. Diese Krakeleien arbeiten die Kinder anschließend mit beliebigen Farben zu Fantasieinsekten aus.

Lernerfahrung: sich von Zufallsergebnissen anregen lassen, Beobachtungen kreativ verarbeiten

Anzahl der Kinder: 4–6
Material: Leinwand (Baumarkt, Bastelabteilung), Dispersions- oder Acrylfarbenfarbe in verschiedenen Farbtönen, Tusche oder Filzstift; Pinsel, Wasserglas, Malerkittel, Karton zum Mischen, Wiesenfläche

Malen: *Wiesenpflanzen und Wiesentiere*

1 In einem Gespräch tragen die Kinder noch einmal ihre Beobachtungen und Erkenntnisse über den Aufbau einer Wiese und über ihre Bewohner zusammen. Dann zeichnen sie mit Wachsmalstiften die Umrisse von Insekten, Wiesenblumen und Gräsern auf das Papier. Die Umrisse von Tieren und Blüten und breitere Blätter werden mit Wachsmalstiften ausgemalt.

2 Nun mischen die Kinder aus Wasserfarben verschiedene Grüntöne (auf einem Schmierpapier testen; die Farben sollten nicht zu konzentriert sein, damit die Wiese nicht zu dunkel und kompakt gerät). Mit einem dicken Pinsel übermalen die Kinder dann das ganze Blatt damit. Auf den mit Wachsmalstiften bemalten Flächen perlt das Wasser ab und die Farben leuchten aus den Grüntönen heraus.

Lernerfahrung: Gestaltungstechnik kennenlernen, Wissen kreativ umsetzen

Anzahl der Kinder: 4–6
Material: dickes, weißes Papier (DIN A3), Wasserfarben, Wachsmalstifte, dicke Pinsel, Wasserglas, Gefäße zum Mischen, Malerkittel

Tipp: Mit gesammelten Gräsern, Blumen, Stöckchen, Blättern und Grafitstift oder Wachskreiden können die Kinder eine Wiesen-Frottage gestalten. Die Frottage eignet sich gut, um haptische Erfahrungen zu visualisieren. Das Papier sollte fein genug sein, damit sich die Strukturen beim Darüberreiben mit dem Grafitstift auch durchdrücken, und nicht zu glatt, damit die Farbpartikel gut haften bleiben. Wird das Sammelgut getrocknet und gepresst, lassen sich auch Wiesen-Collagen oder Fantasiewesen damit kleben.

Das Original: „Waldwiese" von Hans Thoma

Die Fälschung: Welche Fehler haben sich eingeschlichen?

Wer entdeckt alle zehn Fehler? (Auflösung S. 64)

Allgemeines zur Projektarbeit

Die Projektarbeit ist eine Art Königsdisziplin in der Früh-
pädagogik. Keine andere Methode ermöglicht Kindern
so vielfältige, ganzheitliche und nachhaltige Lern- und
Bildungserfahrungen. Aber auch keine andere Methode
fordert von der Erzieherin so viel an Know-how und
Ideenreichtum. Denn in einem Projekt beschäftigt sie
sich mit den Kindern über einen längeren Zeitraum und
unter ganz verschiedenen Aspekten intensiv mit einem
Thema. Jeder Anlass, der Kindern wichtig ist, kann zum
Projektthema werden, es kann sich aber auch auf alle
großen und kleinen Ereignisse in der Lebenswelt von
Kindern beziehen.

Ein wesentliches Merkmal von Projektarbeit ist das
selbsttätige Handeln der Kinder. Damit unterscheidet
sie sich von angeleiteten Aktivitäten, bei denen die Erzieherin die Lerninhalte mehr oder weniger vorgibt.
Während eines Projekts liegt hingegen ihr Arbeits-
schwerpunkt vorwiegend auf der Vorbereitung der Lern-
umgebung. Dies bietet Kindern die Chance, selbst das
Projekt zu steuern und ihrem Bedürfnis nach Erfah-
rungs- und Wissenszuwachs nachzugehen. Das heißt,
wenn Kinder sich Fragen stellen wie: „Schlafen Gänseblümchen in der Nacht?" oder „Wie kommt der Regen in
die Wolken?" so begeben sich Kinder und Erwachsene
bei der Suche nach einer Antwort auf eine Art Reise mit
ungewissem Ausgang. Der Prozess ist offen, denn am
Anfang des Projekts steht noch nicht fest, wohin es sich
entwickeln wird und welche weiterführenden Fragen
sich den Kindern auf diesem Weg stellen werden. Die
Reise kann also kurz oder lang dauern und sie kann voller Abenteuer stecken. Und je nachdem, welche Perso-
nen zusammen unterwegs sind, werden unterschiedliche Stationen während dieser Reise angesteuert: Denn
der Verlauf eines Projekts entsteht aus der Auseinandersetzung der Kinder mit dem Thema und dies kann
von Gruppe zu Gruppe sehr unterschiedlich ausfallen.
Projekte sind immer neu und unverwechselbar. Wenn
sich das Thema für die Kinder erschöpft hat, wenn ihre
Wissbegierde gestillt ist, ist auch das Projekt zu Ende.

Projektarbeit schafft Freiräume für kreatives Arbeiten —
nicht nur für die Kinder. Sie bietet die Chance, sich auf
unterschiedlichste Art und Weise mit einem Thema zu
befassen: Gestalten, Experimentieren, Musizieren, Phan-
tasiereisen, Bewegungsspiele etc. Projekte ermöglichen
Kindern nicht nur, selbsttätig zu handeln und zu spüren,
dass sie ihre Umwelt beeinflussen können, sie ermöglichen auch ganzheitliche Bildungsprozesse in allen Bildungsbereichen.

Projektphasen

Auch wenn situationsorientiertes Arbeiten bedeutet, flexibel auf die Impulse von Kindern einzugehen, so funk-
tioniert auch Projektarbeit nicht ohne Planung. Sie
steckt den Rahmen eines Projekts ab, damit sich die Erwachsenen inhaltlich und methodisch auf verschiedene
Prozessrichtungen einstellen. Der Planungsumfang
hängt davon ab, wie groß ein Projekt angelegt ist, ob es
sich z. B. nur innerhalb einer Kita-Gruppe abspielt, ob
gruppenübergreifende Projektgruppen angeboten werden sollen oder ob sich die ganze Einrichtung von einem
Thema anstecken lässt. Wer noch keine Erfahrungen mit
Projektarbeit sammeln konnte, dem fällt vielleicht der
Einstieg mit einem kleinen, gruppeninternen Projekt
leichter. Mit dieser Erfahrung lassen sich dann kleine
Projekte zu einem großen Projekt verknüpfen. Es bietet
sich auch an, sich mit projekterfahrenen Kolleginnen
aus der eigenen oder aus benachbarten Einrichtungen
auszutauschen.

Die folgenden Phasen haben sich bei der Planung von
Projekten bewährt:

- Die verschiedenen *Aspekte eines Themas* zusammen-
  tragen (z. B. mit Hilfe eines Brainstormings im Team
  und mit den Kindern)

- Das grobe *Projektziel klären* (z. B.: Die Kinder haben
  nach Abschluss des Projekts ihre Kenntnisse über
  den Lebensraum Wiese erweitert)

- Die *räumlichen, zeitlichen, personellen* und ggf. *finan-
  ziellen Ressourcen klären* (z. B.: Können wir einen
  Raum als Projektraum nutzen? Wie lange soll das Projekt dauern? Wer kümmert sich um die Durchführung
  des Projekts? Haben wir Menschen in der Nachbar-
  schaft oder unter den Eltern, die ihre Kompetenzen
  einbringen können? Wieviel Geld steht uns etwa für
  Exkursionen und ein Abschlussfest zur Verfügung?)

- Die *Projektschritte planen* (z. B.: Was könnte wann, wie und mit welchen Mitteln geschehen? Welche Vorbereitung der Umgebung ist geeignet, damit die Kinder selbsttätig agieren können?)

- Die *Aufgaben verteilen* (z. B.: Welche Inhalte haben die Aktivitäten? Wann finden sie statt? Wer erledigt bis zu welchem Zeitpunkt welche Arbeiten? Es bietet sich an, alles auf einem Plan festzuhalten, sodass ein Gesamtüberblick über das Projekt und über die Verantwortlichkeiten entsteht.)

- *Durchführung* (trotz aller Planung – Projekte müssen in ihrer Durchführung immer flexibel bleiben. Im Verlauf des Projektes werden die einzelnen Stationen immer wieder angepasst und auf die Bedürfnisse der Kinder abgestimmt; das heißt, die Kinder immer wieder zu beobachten, um ihre Interessen und Fragen wahrzunehmen und ihre Lernwege zu begleiten.)

- *Abschluss* (z. B. Dokumentation des Projektverlaufs mittels Ausstellung der Fotos, Erzeugnissen der Kinder, Collagen, Videos; Einträge in die Portfolios der Kinder; Feste, Ausflüge, Eltern-Kind-Aktionen, Familiennachmittage; Auswertung des Projekts).

Elternkooperation und Projektarbeit

Die Projektarbeit bietet viele Ansatzpunkte für eine lebendige und partnerschaftliche Zusammenarbeit mit Eltern. Bei der Organisation dieser Zusammenarbeit greifen die „Klassiker" der Elternkooperation besonders gut:

- *Elternabende* zur Vorstellung der Projektidee, als Einladung zur Planung und Mitarbeit. Gerade größere Projekte bieten eine gute Gelegenheit, interessierte Eltern einzubeziehen, z. B. wenn es um die Anlage eines naturnahen Außengeländes geht, um die Umgestaltung von Spielbereichen oder um Aktivitäten mit den Kindern, die Spezialwissen erfordern wie etwa ein Entspannungs- und Massageprojekt.

- *Aushänge* und *Elternbriefe*, die über den Stand des Projekts informieren oder die Eltern aktiv einbeziehen, z. B. mit der Bitte um die Organisation/Spende von Objekten/Materialien oder als Begleitung bei einer Exkursion, aber vor allem auch als Experten zu bestimmten Projektthemen.

- Die *Dokumentation des Projektverlaufs* in der Eingangshalle der Einrichtung macht die Arbeit transparent und bietet auch Eltern, die sich eher im Hintergrund halten, die Möglichkeit zu sehen, was ihr Kind in der Einrichtung erlebt. Sind Eltern bei einem Projekt auf dem Laufenden, so regt dies auch das Gespräch mit den Kindern über das Projekt zu Hause an. Dies wirkt sich wiederum positiv auf das Projekt selbst aus, weil neue Impulse hinzukommen können und die Kinder motiviert bleiben.

- *Tür- und Angelgespräche* sind das Mittel der Wahl, um einen vertrauensvollen Kontakt aufzubauen, um Eltern auf dem Laufenden zu halten oder persönlich anzusprechen, etwa wenn es darum geht, Kompetenzen der Eltern einzubeziehen oder direkte Bitten zu äußern. Hier ist es von Vorteil, wenn die Erzieherin über Berufe, Hobbys und besondere Fähigkeiten von Eltern informiert ist – oder sie nutzt Tür- und Angelgespräche dafür, genau darüber mehr zu erfahren.

- *Eltern-Kind-Einheiten* etwa bei einem Kunst- oder Werkprojekt ermöglichen gemeinsame Erfahrungen und regen die Beschäftigung mit dem Thema auch zu Hause an.

Eltern in die Projektarbeit einzubeziehen und Beteiligungsmöglichkeiten zu schaffen, ist sicherlich eine Bereicherung für alle Beteiligten. Es entsteht ein Raum des vertrausvollen gegenseitigen Voneinander-Lernens, in dem sich Kinder, Eltern und Erzieherinnen in neuen Rollen erleben können.

Angebote und Lernerfahrungen nach Bildungsbereichen

Angebot	Seite	Bewegung, Körpererfahrung & Gesundheit	Emotionalität & soziale Beziehungen	Ethik, Philosophie & Religion	Kreativität & Spielen	Kunst & Ästhetik	Mathematik, Naturwissenschaft & Technik	Musik & Rhythmik	Natur & Umwelt	Sprache, Literacy & Medien
Was wächst auf Rasen und Wiese?	7						🔵		🔵	⚪
Wiesenblumen-Blühkalender	7						🟤		🟤	⚪
Pflanzenpresse	8				⚪		🔵		🔵	
Unsere Wiese	9				⚪	🟤			⚪	
Blütenkarten aus Kamille	9				🔵				⚪	
Flechtwerk aus Breitwegerich	10		⚪		🟤				🟤	
Frauenmantelzwerge	11				🔵				⚪	
Schützende Blätter	11	🟤	⚪						⚪	
Schachtelmuseum	12		⚪		🔵	⚪			🔵	⚪
Geheimniskrämerei	12		⚪		⚪			⚪	🟤	
Gras ist nicht gleich Gras	13				🔵	⚪			🔵	
Löwenzahnwiesenschmuck	15				🟤				⚪	
Brunnen mit Löwenzahnleitung	15						🔵		⚪	⚪
Gedicht: Verblühter Löwenzahn	16								⚪	🟤
Löwenzahnhonig und -kuchen	16	⚪	🔵						🔵	⚪
Gänseblümchen auf der Wiese	17					⚪			🟤	
Bewegungen des Gänseblümchens	18				⚪			🔵	⚪	
Papierblüten öffnen sich	18						🟤		⚪	
Gänseblümchenwiese	19				⚪	🔵			⚪	
Flaschengarten	19						⚪		🟤	
Wer wohnt in unserer Wiese?	21						🔵		⚪	
Insekten anlocken	21						🟤		⚪	
Ameisenstaat	22	🔵			⚪				⚪	
Gedicht: Die Ameisen	22		⚪							🟤
Marienkäfer	23						⚪		🔵	
Marienkäfer-Wettlauf	23				🟤		⚪			
Gedicht: Paule Quak	24								⚪	🔵
Kleines Froschkonzert	25							🟤	⚪	
Mäusemenü	26	🔵							⚪	
Steinmäuse	26				🟤				⚪	
Die Maus geht aus	27	⚪	⚪					🔵		
Kinderseite: Malen mit Oskar	28				🟤	⚪				⚪
Schneckenterrarium	29						⚪		🔵	

Angebot	Seite	Bewegung, Körpererfahrung & Gesundheit	Emotionalität & soziale Beziehungen	Ethik, Philosophie & Religion	Kreativität & Spielen	Kunst & Ästhetik	Mathematik, Naturwissenschaft & Technik	Musik & Rhythmik	Natur & Umwelt	Sprache, Literacy & Medien
Schmetterlingsraupenzucht im Wasserglas	30						●		○	
Bunte Schmetterlinge	31				○	●			○	
Lied: Schmetterlinge	31							●	○	○
Wiesen-Memory	32		○						○	●
Summende Hummeln	34	●	○							
Honig-Kräuterbonbons	35						○		●	
Bienenwaben	35				●	○			○	
Der Hummeln-Maulwurf-Wettlauf	37		●						○	
Spinnennetze suchen	38					○			●	
Spinnennetze drucken	39					●			○	
Spinnennetz aus Wolle	39	○	●							
Was fressen die Tiere auf der Weide?	41								○	●
Heu machen	41	○				○			●	
Gedicht: Rätsel- und Ergänzungsreime	42								○	●
Joghurt selber machen	42	○							●	
(Fr)essbare Pflanzen	43	○							●	
Quark mit Kräutern und Wiesenblüten	43	○	○						●	
Vorlesen: Pflanzenmedizin von der Wiese	44								●	●
Seile aus Brennnessel	45				○				●	
Wiesengenuss	46	●	○							○
Kräuteröl ansetzen	47					○			●	
Heuduftkissen	47				●				○	
Wiesenwörtergeschichten	48				○				○	●
Wiesen-Picknick	49	○	●						○	
Wiesenschrat	49	●			○				○	
Fantasiereise	50	○	●							○
Gestalten mit Kleisterpapier	51		○		○	●				
Der tanzende Stift	53				○	●		●		
Wiesenstimmen	54				●			●	○	
Holunderflöte	55				●		○		●	
Insekten auf der Wiese	57				●	●			○	
Wiesenpflanzen und Wiesentiere	57				●	●			○	
Fehlersuche	59				●			○		○

Autorenangaben

Silke Bicker ist Dipl.-Ing. (FH) Landschaftsentwicklung, zertifizierte Erwachsenenbildnerin und Weiterbildungscoach. Sie bildet Multiplikatoren aus und weiter, die Themen zu Natur, Pflanzen- und Bodenökologie vermitteln.

Albrecht Nolting (Texte: S. 51–55) ist Musik- und Medienpädagoge sowie Medienwissenschaftler und arbeitet als Lehrer an einer Grundschule. In seiner praktischen Arbeit sowie in seinen Publikationen ist ihm die ästhetische Erziehung mit den Aspekten Musik, Kunst und Medien ein besonderes Anliegen.

Karin Schäufler (Texte: S. 25, 42[1], 44, 50, 51[1]) ist Diplom-Sozialpädagogin und arbeitet als freie Texterin, Autorin und Journalistin in Frankfurt a.M. Sie hat Berufserfahrung in unterschiedlichsten sozialen Bereichen mit allen Altersklassen und ist kreativ, innovativ und schriftstellerisch freiberuflich tätig.

Karin Scholz (Texte: S. 56–59) studierte Grafik, Malerei und Kunst in Nürtingen, Karlsruhe und Kassel. Heute arbeitet sie als freie Malerin, Grafikerin und Autorin, leitet Workshops und Kurse zum Thema Kunst und Kunstgeschichte in Theorie und Praxis für Erwachsene und Kinder.

Juliane Strassel, MSc, (Text: S. 37) studierte Gesundheitswissenschaften in Bremen und Maastricht und ist ausgebildete Tanzpädagogin. Sie arbeitet heute in der Forschung im Bereich Gesundheit.

Friederike von Woedtke (Text: S. 37) ist ausgebildete Tanzpädagogin und Erzieherin. Heute arbeitet sie als freiberufliche Tanzpädagogin für Erwachsene und Kinder in Hamburg.

Hinweis

Die Durchführung der in diesem Buch dargestellten Experimente, Verfahren und Aktivitäten unterliegt der Verantwortung der durchführenden Person. Der Verlag kann keine Haftung für entstandene Schäden gleich welcher Art übernehmen, die aus der Durchführung resultieren. Ebenso wenig wird vom Verlag eine Garantie für das Gelingen der Durchführung gegeben.

Auflösung von S. 59